京市・天安門広場

2022年９月29日　沖縄辺野古キャンプシュワブゲート前

2023年４月６日　沖縄県国頭郡本部町塩川港近く

写真は新基地建設反対を訴えながら2018年８月８日急逝された翁長雄志知事

目次

日中国交正常化五十年から日中平和友好条約四十五周年

――「平和資源」としての日中間の四つの基本文書を読み解く――

はじめに

昨二〇二二年、日中国交正常化五十年を迎え、今年二〇二三年、日中平和友好条約四十五周年となる。日中平和友好条約は日中共同声明の趣旨、内容をそのまま踏襲したものだが、後者が日中両国政府間の約束であるのに対し、前者は日中両国家間の約束、条約である。

この約束はその後の「日中共同宣言」(九八年)、「〈戦略的互恵関係〉の包括的推進に関するに日中共同声明」(二〇〇八年)においても踏襲され、繰り返し確認されてきた。日中が国交正常化を果たし平和友好条約を締結した一九七〇年代後半、八十余%の日本国民が中国に対して好感を抱いていた。

今、尖閣諸島問題、「台湾有事」問題等を巡り、日中関係は、国交正常化以来最悪だと言われている。アンケート調査によれば日本国民の八十余%が中国に対して不信・嫌悪感を抱いているという。五十年を経て中国に対する好感と嫌悪の比率が逆転してしまった。

毛里和子著『日中漂流』(二〇一七年岩波新書)は以下のように語る。

「戦後七十年たって時代環境も世代もリーダーの質も大きく変わった。戦争の記憶は七十年間の巨大な歴史の中に埋もれてしまいそうだ。日本の侵略から日中を考える人よりも、尖閣諸島海域で現状を変えようと必死な中国(軍)の実力行使を見ながら、「中国は怖い、脅威だ」と感じ、親愛感を持てない人々が九〇%を超えたという。端的に言ってこれまでの両国関係は、日本が歴史を詫びる、中国がそれを赦す、という「道義の関係」だった。それが今後は。東アジアでどちらがパワーを振るうか、覇権を握るかの「力の関係」になっていくだろう。だがその前に日本としては戦争責任問題決着への道筋をつけておくことが必要なのではないか。」

村山首相談話の起草者で元中国大使谷野作太郎も以下のように嘆く

「周恩来総理はよく〈求同存異〉ということを口にした。両国の間の〈小異〉を残しつつも、そのうえで両国の平和善隣友好という〈大同〉を目指そうと。日本では〈小異を捨てて大同に就く〉という言い方が定着したようだが、中国では〈小異を捨てて〉という言い方はありませんね。〈存異〉です。〈小異〉はどうしても残るし、残すんです。特に激しい外交交渉の決着のあとはそう。大事なのはその〈小異〉のところに意を用いながら、用心深く管理し、手当してゆくということでしょう。ところが近年の風潮は、その〈小異〉を日中双方でことさらに荒立てて、そこに多くの政治家，メディアが参戦して、これを〈大異〉にまでもっていって盛り上がる。そんな状況をまま目にします。」（コラム：亜州・中国十三）

以民促官

このような隣国関係を改善するためにはどうしたらいいか。「キーワード」となるのは、「以民促官」、「易地思之」（ヨクチサジ）と「言必信行必果」「飲水思源」だ。

「以民促官」、民間の活動を通じて官、すなわち国家を動かす。

「易地思之」、「易地」とは、場所を替える、「思之」とは考える、すなわち、相手の立場になって考えてみる。これがなかなか難しい。自分の考えに確信を持てば持つほど他人の言に耳を傾けることが困難となる。「飲水思源」、水を飲むとき、井戸を掘った人々のことを思う。先人たちの苦労を忘れない。先人たちが作ったものを大切にする。「言必信行必果」は後述する。

後掲の日中国交正常化五十年史（以下「後掲五十年史」という）で述べるように、日中国正常化を果たした一九七二年の「日中共同声明」、九月二十五日、北京ではじめて周恩来総理に会った田中角栄首相は、「私は、長い民間交流のレールの上に乗って、今日ようやく此処に来ることができました」と挨拶したという。「長い民間交流のレールに乗って」実にいい言葉だ。まさに「以民促官」だ。レセプションで周恩来総理は、新潟県出身の田中首相には「佐渡おけさ」で、香川県出身の大平正芳外相には「金毘羅船々」で鹿児島県出身の二階堂進官房長官には「おはら節」を演奏させて歓迎した。

周恩来総理挨拶

同日夕、周恩来総理は、日本の田中首相を迎え、北京の人民大会堂で開かれた夕食会で以下のように挨拶した。

「われわれ両国の歴史には二〇〇〇年の友好往来と文化交流があり、両国人民は深いよしみを結んできました。われわれはこれを大切にすべきです。しかし、一八九四年から半世紀にわたる日本軍国主義者の中国侵略によって、中国人民はきわめてひどい災難を蒙り、日本人民も大きな損害を受けました。前のことを忘れることなく後の戒めとするといいますが、われわれは、そのような経験と教訓をしっかり銘記しておかなければなりません」

「中国人民は毛沢東主席の教えに従って、ごく少数の軍国主義分子と広汎な日本人民とを厳格に区別して来ました。従って中華人民共和国成立後、中日両国の間で、戦争状態の終結を公表していないにもかかわらず、両国人民の友好往来と貿易関係はたえなかったばかりか、

田中角栄首相と中国の周恩来首相(右) ＝北京の人民大会堂で1972年９月28日

たえず発展してきました。ここ数年来、毎年、中国を訪れる日本の友人は、他の国の友人よりも多く、平等互恵を基礎とした中日貿易の総額も中国と他の国との貿易のそれを上回っています。これは中日関係の正常化に有利な条件をつくりました」（一九七二年九月二十六日「朝日新聞」）。

日中共同声明本文第九項は「日本国政府及び中華人民共和国政府は、両国関係を一層発展させ、人的往来を拡大するために、必要に応じ、また、既存の民間取決めをも考慮しつつ、貿易、海運、航空、漁業等の事項に関する協定の締結を目的とした交渉を行うことに合意した」と述べ、同声明に先だって既に、日中間に「民間取決め」があったことを明らかにしている。

この「既存の民間取決め」として有名なのが、いわゆる「L・T貿易」すなわち、一九六二年十一月、中国の廖承志と日本の高碕達之助の間で結ばれた準政府間的民間協定、「日中長期総合貿易に関する覚書」による貿易である。戦後における日中民間交流は「L・T貿易」よりずっと前、一九五〇年代に、戦時中の強制連行・強制労働によって日本でなくなった中国人の遺骨送還運動であった。

田中角栄首相挨拶

「このたびの訪問に当たって、私は空路東京から当地まで直行して参りましたが、日中間が一衣帯水の間にあることを改めて痛感いたしました。このように両国は地理的に近いのみならず、実に二千年にわたる多彩な交流の歴史を持っております。しかるに過去数十年にわたって日中関係は遺憾ながら不幸な経過をたどってまいりました。この間、わが国が中国国民に多大の御迷惑をおかけしたことについて、私は改めて深い反省の念を表明するものであります。

第二次大戦後においても、なお、不正常かつ不自然な状態が続いたことは、歴史的事実としてこれを率直に認めざるをえません。しかしながら、われわれは過去の暗い袋小路にいつまでも沈淪することはできません。私は今こそ日中両国の指導者が明日のために話し合うことが重要であると考えます。……」

田中首相の演説について、中国側は一区切りごとに拍手をしていたが、「わが国が中国国民に多大の御迷惑をおかけしたことについて、私は改めて深い反省の念を表明するものであります。」の個所では、一切拍手は起きなかった。中国側からすれば被害は、「迷惑」といった程度のものではなかった。

二十七日付け「朝日新聞」天声人語は、［「改めて深い反省」という言葉自体にも疑問が残った。今までに一体だれが『深い反省』をしたというのだろうか▼「反省」という。では何が悪かったのか。戦場で人を殺したことだけではない。日中戦争に限らない。それを、どれほど「深く」私たちは考えたろう」と書いた。

同日付、「読売新聞」「編集手帳」は「田中首相は過去より将来に重点をおくといったが、考えてみればこれは相手がいうことだった。まさかご迷惑をかけましたと挨拶すれば、すべてがすむと思っているわけでもないだろうが」と書いた。

「サンケイ新聞」は、田中首相の訪中に先立つ九月二十四日付け社説で「首相はなによりも先に侵略戦争で日本が中国国民に多大の迷惑をかけたことを心から謝罪すべきである。日中和解は、過去の日本の中国政策の反省から出発しなければならない。だが、そうかといって贖罪論に埋没し、日本が中国側の要求に一方的に屈した形での正常化は将来に禍根を残すことになろう。真の日中友好は互恵互譲の精神で、両国が納得し合える条件の国交正常化によってのみ可能となるからである」と書いた。

四つの確認と二つの合意

日中共同声明では以下の四項目が確認された。

① 日中両国は、「一衣帯水」の間にある隣国であり、長い伝統的な友好の歴史を有する（前文）。

② 日本側は過去において、日本国が戦争を通じて、中国国民に重大な損害を与えたことについての責任

を痛感し、深く反省する（同）

中華人民共和国政府は、中日両国国民の友好のために、日本国に対する戦争賠償の請求を放棄することを宣言する（本文五項）。

③ 台湾は中華人民共和国領土の不可分の一部である〈一つの中国論〉（本文二，三項）。

④ 日中両国は互いに覇権（武力で問題を解決しようとする）国家とはならない（本文六・七項）。（後掲五十年史三十頁）

文書では確認されていないが尖閣諸島の領有問題についても、「その話はやめておこう」と棚上げとする合意があった（同三十一頁）。

※ 日中国交正常化に際して懸案となったのは、台湾問題と戦争賠償問題であった。前者について中国側は、台湾問題は中国の内政問題であるとして、日本が台湾の中華民国政府と締結していた日華平和条約の破棄を求めた。後者について日本側は、戦争賠償の問題はすでに日華平和条約で解決（賠償請求の放棄）済みであり応じられないとした。中国側は台湾問題について原則を貫き、戦争賠償請求は放棄した。喧伝される「台湾有事」問題を考えるに際して右記のような経緯についても考慮されるべきである。

一九七八年十月、日中平和友好条約批准書交換のために来日した鄧小平は、尖閣諸島の領有権問題について「私どもは、両国政府はこの問題をとり上げないのが比較的賢明だと考えています。このような問題は一時棚上げにしても問題はないし、十年間ほうっておいてもかまいません。将来かならず双方ともに受け入れることのできる問題解決の方式をさがしあてるでしょう」（『北京週報』一九七八年第四十三期）と述べた（後掲五十年史三十一頁）。

一九七九年五月三十一日付読売新聞社説は、「尖閣問題を紛争のタネにするな」と題し、「尖閣諸島の領有権問題は、一九七二年の国交正常化の時も、昨年夏の日中平和友好条約の調印の際にも問題になったが、いわゆる『触れないでおこう』方式で処理されてきた。つまり、日中双方とも領土主権を主張し、現実に論争が〝存在〟することを認めながら、この問題を留保し、将来の解決に待つことで日中政府間の了解がついた。それは共同声明や条約上の文書にはなっていないが、政府対政府のれっきとした〝約束ごと〟であることは間違いない。約束した以上は、これを遵守するのが筋道である」と述べている（同三十一頁）。

以上四項目の確認及び合意は、その後の「日中平和友好条約」（七八年）、「日中共同宣言」（九八年）、「〈戦略的互恵関係〉の包括的推進に関するに日中共同声明」（二〇〇八年）においても踏襲され、繰り返し確認されてきた（後掲五十年史三十三、三十七頁）。

とりわけ③の「一つの中国論」について、中国側は核心的なものであり絶対に譲れないとしてきた（後掲五十年史二十七、二十八、三十四頁）。

二〇〇七年四月十二日、温家宝首相の日本の国会での演説でも「台湾問題は中国の核心的利益にかかわるものですので、少し触れたいと思います。私達は台湾問題の平和的解決をめざして最大限の努力を尽くしてまいります。しかし、「台湾独立」を絶対に容認しません。台湾当局による〈台湾の法的独立〉及び他のいかなる形の分裂活動にも断固として反対します。日本側には台湾問題の高度な敏感性を認識し、約束を厳守し、この問題に慎重に対処するよう希望します。」と述べた（同三十五頁）。

抗日戦争及びその後の国共内戦の勝利を建国の「物語」とする中国共産党政権には、国共内戦に不介入としてきた米国トルーマン政権が朝鮮戦争を契機に政策を転換し、台湾海峡に米第七艦隊を派遣したことによって台湾「解放」が阻まれたという思いがある。その当否はともかくとして、対中外交を考えるに際してはこのことを理解しなければならない。毎年三月に開催される全人代（全国人民代表者大会、国会に相当）にも、台湾に出自を持ち「亡命中の」中国人が台湾省の代表として「選出」され、参加するという体裁が採られ、全人代委委員の控室「台湾省の間」も設けられている。

国交正常化以降、日中両国政府及び民衆は両国間の平和友好関係の発展のために汗をかいてきた。靖國神社参拝を巡る歴史問題、尖閣諸島の領有権を巡る領土問題等、日中間に懸案がなかったわけではない。しかし、これら懸案について、「武力」によって決着をつけようという考えは両国間になかった。前記③の「一つの中国論」については、当然なこととしてほとんど問題となってこなかった。

日中両国は互いにリスペクトしあい、とりわけ日本側は、保守をも含めて中国侵略という「疑うべくもない歴史の事実」（一九九五年八月十五日村山首相談話）に対する慎みを忘れることはなかった。

尖閣諸島領有権問題

領土問題となると人々はいとも簡単に「愛国者」に変身する。「寸土たりとも譲ずるべからず」という強硬論がのさばり、相手国への敵愾心、不信感を煽る口実にされて来た。二〇〇五年中国で「愛国無罪」を叫ぶ若者たちがイオンなど日本店舗を襲ったことはまだ記憶に新しい。

日本側でも同じだ。米軍基地の重圧に呻吟する百四十五万余の人の住む沖縄の現状を放置しながら、無人の尖閣諸島については「一ｃｍたりとも譲らない」と息まく姿（民主党政権下の枝野官房長官発言）は尋常ではない。

領土の『魔力』から解放され、冷静に、客観的に問題を見て、柔軟に対処できる知恵と能力を身につけなければならない。

尖閣諸島の領有権については日中共同声明以降棚上げとされてきたことについてはすでに述べたとおりであるが、尖閣諸島の帰属を巡る歴史的経緯として以下のような事実もあることに留意すべきである。

① 日本が尖閣諸島を日本の領土に組み入れたのは、日清戦争の帰趨が見えた一八九五年一月十四日、三か月後の同年四月には、日本は下関条約で、台湾、澎湖島、遼東半島を取得（遼東半島については、その後、露、仏、独の三国干渉により返還）し、さらに当時の日本の国家予算約八〇〇〇万円の四倍強の二億両〈テール〉（約三億六〇〇〇万円）の賠償金を取った。

このように尖閣諸島の日本領土への組み入れは、戦争絡みで、しかも当時、中国は日本の領有宣言に異議を述べることが困難な状況にあった。

② 前記領有宣言に先立つ一八七九年、日本は、琉球藩を廃止し、沖縄県とした。これに対し、中国が琉球は中国領だと主張し、紛争となった。前米大統領グラントの仲介により、日本は、中国との間で通商条約問題に絡めて尖閣諸島を含む先島諸島（宮古群島、八重山群島など）以西を琉球本島と切り離し、中国領土としてもよいと提案し、仮調印までした。

③ 一八八五年、内務卿山県有朋が、尖閣諸島に国標を立てようとしたが、中国との関係を考慮した外務卿井上馨の反対によって断念した。国標の建設は戦後になってからである。

④ ①の日本の国土への編入についても対外的に公表したのは戦後になってからであった。

以上のような「事実」を考慮に入れれば、江戸時代末期に作成された日本地図では尖閣諸島は日本の領土とされてはいなかった点はともかくとして、日本側としても尖閣諸島を日本の「固有の領土」とは言えない。

領土問題の解決のために　「国際入会地」構想

「領土問題」を純然たる「領土」の問題だと考えると、互いに、国内事情から譲ることが困難となり、最終的には武力による「解決」ということになる。そこにはゼロ・サム、すなわち勝者と敗者しかいない。領土問題は外交問題であると同時に国内問題であり、領土ナショナリズムの陥穽に嵌まってしまうと出口が無くなる。

人類はこの問題をつい最近まで、戦争によって解決してした。一九八二年、南米大陸最南端、フォークランド諸島（アルゼンチン名マルビナス諸島）の領有をめぐって、英国とアルゼンチンが戦争をしたフォークランド諸島紛争はまだ記憶に新しい。

尖閣諸島問題を昔ながらの方法、すなわち戦争によって解決するか（全面戦争はともかく、局地的な戦争を望む勢力が日・中双方にある。）、それとも日中の共同管理によって解決するかが問われている。

「領土問題」は、ある意味では資源問題、漁業権問題だ。ここに「領土問題」解決の鍵がある。欧州連合（ＥＵ）の基礎は戦後間もない、一九五〇年、独・仏によって締結された欧州石炭鉄鋼共同体条約にあったことを理解すべきである。「領土問題」を資源問題だと考えれば、そこでは勝者と敗者という関係ではなく、互いにウィン・ウィンという関係を築くことも可能となる。

その昔、日本の農村には、分かち合いの土地である入会地が所々にあった。個人の利益を主張しない土地で、季節に応じ、生活の必需に応えて、新しい約束事をつくり、薪にしても、炭にしても、敷き草にしても、この共同の土地から皆で分かち合った。互いに生き抜くための知恵だ。

尖閣諸島はもともと琉球（沖縄）台湾、中国福建の漁民たちの共同の漁場であり、そこには国境線はなかった。領有権を棚上げにする暗黙の合意があった尖閣諸島については、その帰属は双方に見解の相違があることを認めたうえで、入会地、つまり「国際入会地（海）」にする。国境を越えた地球市民としての双方の利益に沿って共同で開発、活用する、これ以外の解決の方法はない。

二〇一二年八月二十九日、北京で開かれた日中国交正常化四十周年記念シンポジウムで、唐家璇中日友好協会会長（元外相）は、尖閣問題について、①領土問題の存在を認める、②争いを棚上げし、問題を激化させない、③関係の安定のために有意義なことを実施する、という「三つの必要」と、①一方的な行動を取らない、②事態を複雑化させない、③事態を拡大化させない、という「三つの不必要」を提案した（二〇一二年九月五日、毎日新聞）。

もっともな提案だが、外には、南沙諸島の強引な埋め立てと軍事基地化、内には香港市民の自由のはく奪など人権弾圧をためらわない現在の中国の習近平独裁体制の下ではなかなか難しく、悩ましい問題だ。

大切なことは、「易地思之」、すなわち自己（自国）の観点を絶対視せず、相手側の考え、主張にも耳を傾け、いかなる場合でも「対話」を放棄せず、相互の信頼関係を強め、友好的、平和的な解決の道を見いだそうとする努力をすることだ。領土ナショナリズムの陥穽に嵌まってはならない。

作家の村上春樹は、二〇一二年九月二十八日朝日新聞に「領土ナショナリズムと安酒飲んで悪酔い」と題して以下のように書いている。

「領土問題が実務課題であることを超えて、〈国民感情〉の領域に踏み込んでくると、それは往々にして出口のない、危険な状況を出現させることになる。それは安酒の酔いに似ている。

安酒はほんの数杯で人を酔っぱらわせ、頭に血を上らせる。人々の声は大きくなり、その行動は粗暴になる。論理は単純化され、自己反復的になる。しかし、賑やかに騒いだあと、夜が明けてみれば、あとに残るのは嫌な頭痛だけだ。」

「台湾有事」の喧伝による軍拡

二〇二一年三月九日、デービッドソン米インド太平洋軍司令官が米上院軍事委員会公聴会で「六年以内に中国が台湾に侵攻する可能性がある」と証言（軍事予算獲得のための狙いもあると思われる【注】）したことから、米国によって「台湾有事」が喧伝され、二二年二月のロシアによるウクライナ侵攻もあって、何となく「台湾有事」が現実性を持つかのような雰囲気が醸しだされ、「台湾有事」への対処が喫緊の課題であるかのように論じられている。

二〇一四年七月一日、閣議決定によって集団的自衛権行使容認し、専守防衛という戦後日本の安全保障政策の根底を代えてしまった安倍元首相も「台湾有事」は「日本有事」と、これを煽った。全く無責任な態度だ。二〇一六年、外務、防衛両省や自衛隊の幹部との防衛大綱改定に向けた初の事前協議で、安倍首相(当時)は、開口一番「君たち、中国に勝てるだろうな」と質したという(二〇二三年一月三日毎日新聞)。

政治家の務めは戦争に勝つことでなく、戦争を起こさせないことだ。

二〇二二年十一月二十二日、「国力としての防衛力を考える有識者会議」(座長　佐々江賢一元外務事務次官)は、防衛力の抜本的強化、反撃能力、防衛産業、総合的な防衛体制の強化、縦割り打破、財源の確保等々の各項目について討議をし、これを報告書に纏め、岸田文雄首相に提出した。

同報告書は、冒頭で、「我が国周辺の安全保障環境は厳しさを一段と増しており、五年以内に防衛力を抜本的に強化しなければならない」と述べ、「周辺国などが核ミサイルを質・量の面で急速に増強し、特に変則軌道や超音速のミサイルを配備しているなか、我が国の反撃能力の保有と増強が抑止力の維持・向上のために不可欠」だとしている。

「反撃能力」とは、敵基地に反撃する、すなわち「敵基地攻撃能力」のことだ。

同報告書を受けて十二月十六日、岸田政権は、「我が国は戦後最も厳しく複雑な安全保障環境のただ中にある」として、外交・防衛政策の基本方針である「国家安全保障戦略」などの安保関連三文書を改訂し、相手国のミサイル発射拠点などを攻撃することのできる「反撃能力」を保有できる、防衛費を一・五倍に拡張、今後五年間で四十三兆円とする、としてこれを閣議決定した。国会の閉会中に閣議決定により戦後の安全保障政策の大転換がなされた。

「防衛」装備の具体的な内容、財源などについて熟議、説明されることもないままに一大軍拡が始まる。

安倍政権下の二〇一四年七月一日、閣議決定により集団的自衛権自衛権行使容認がなされたのと同じ手法だ。安倍晋三は死んだが、「安倍政治」は続く。日本国憲法前文の冒頭において「日本国民は正当に選挙された国会における代表者を通じて行動し」と謳われているように、国の根幹にかかわる事項についてはまず国会において熟議されるべきである。それをせずに、内閣もしくは閣僚の諮問にかかる「有識者会議」による答申を基に、閣議決定でもって国の根幹にかかるような事項を決めてしまうのは憲法違反だ。

敗戦後の日本経済復興の契機となった朝鮮戦争（一九五〇年六月〜五三年七月）の時の「朝鮮特需」もこんな雰囲気だったのだろう。日米の軍需産業は、ウクライナ戦争によって支えられた「台湾有事特需」に沸いている。経団連が武器輸出を国家戦略とすることを政府に迫る提言をし、武器輸出の窓口として防衛装備庁が設置されたのは二〇一五年九月、安保関連法制が強行採決されたころだった。

二〇二二年十一月二十二日、「国力としての防衛力を考える有識者会議」の報告、これを受けての十二月十六日の閣議決定の前の同年五月二十三日、すでに岸田首相はバイデン大統領との首脳会談で、日本の防衛力を抜本的に強化し防衛費を増額することを約束させられていた。

やはり策源地は米国だ。

二〇〇〇年十月の第一次「アーミーテージリポート」以降五次に亘る「レポート」を通じて、日本に改憲もしくは集団的自衛権行使容認を迫って来たリチャード・アーミテージ元米国務副長官は、安倍政権が集団的自衛権行使容認に踏み切ったことについて、二〇一八年四月二十四日、朝日新聞のインタビューに応えて「日本の対応は大きな一歩だと評価している。」とし、「ただ完全ではない。私は日本が敵基地攻撃能力を保有するのに賛成だ」と更なる要求をしていた。

二〇二三年一月六日毎日新聞、「日本の安保戦略見直し、米識者に聞く」で、クリストファー・ジョンストン元米国家安全保障会議東アジア部長は以下のように語っている。

〈日本の新たな安全保障政策は、数年前には想像もできなかったものだ。防衛費の増額や日本の防衛態勢の変化は前例のないもので、ワシントン（米政府や議会など）では非常に歓迎されている。（略）五年前ならば、米政府内にも「日本が打撃力を持つ必要があるのか」、「地域諸国の反発がある」といった懸念が出ていただろう。逆に言えば、今の米国には深いレベルで日本への信頼があるということだ。こうした信頼は、日本が安全保障関連法や特定秘密保護法の制定、国家安全保障会議の創設などの努力を積み重ねてきた結果である。〈略〉〉

二〇一二年民主党政権末期、石原慎太郎都知事（当時）の挑発により、尖閣諸島国有化問題を契機として、その後の第二次安倍政権下で日中関係は悪化の一途を辿った。それでも安倍政権は習近平主席の国賓来日を画策していた。それが新型コロナ感染の拡大で延期となり、その後、米中関係の悪化を受けて国賓としての招請の件は沙汰止みとなった。米中対立を背景とした日米の軍需産業、その代理人たる米軍制服組の策動に踊らされない知見を磨かなければならない

【注】「デービッドソン元インド太平洋軍司令官の議会証言もありましたが、それは能力の話であって、実際に台湾に侵攻するという話ではなかった」（兼原信克元内閣官房副長官補（『君たち中国に勝てるのか』二〇二三年、産経新聞社出版）

デービッドソン氏は議会証言後退官した。軍需産業の顧問にでもなったのであろう、軍司令官たちと長年付き合ってきた沖縄紙の幹部記者によれば、将軍たちは「次の就職先」のことを考えて発言するのだとか。

独裁色強める習近平政権

もちろん、これらのことについては日米側だけに原因があるのではなく、「戦狼外交」とも称される中国

の膨張主義にもその一因はある。

内には香港における人権弾圧、ウイグル族問題、外には南シナ海における覇権主義的行動、「一帯一路」構想による途上国支援に潜む「債務の罠」等々、習近平主席は周恩来総理ら五十年前の中国の指導者らとは違うのではないかという疑問を払拭できない悩ましさがある。

二〇二二年八月十六日、スリランカ南部のハンバントタ港に中国軍系の観測船が入港した。ハンバントタ港は中国の巨大経済圏構想「一帯一路」の一環で建設されたが、巨額の融資が返済できなくなったスリランカは債務の一部免除と引き換えに中国に港の運営権を九十九年間貸与した。

周辺国からは中国の「一帯一路」政策に潜められた「債務の罠」として警戒されてもいる。

「九十九年間の貸与」には既視感がある。一九一五年、日本が第一次世界大戦による欧州のドサクサに乗じ、ドイツが中国の山東省に有していた権益を奪い、改めて中国に九十九年間の貸与等を求めた「対華二十一ヶ条要求」だ。戦前の対中国政策の過ちの始まりとして、今日保守の側も含め共通の認識となっている。この延長上に三十一年、満州事変、三十七年、日華事変から日中戦争、四十一年、対米英戦争があった。

「対華人二十一ヶ条要求」時の首相は、明治の自由民権運動の流れを汲む大隈重信、外相は後の護憲三派内閣の首班となった加藤高明。明治の自由民権運動も大正デモクラシーも外に向けては帝国主義であった。ハンバントタ港運営権の中国への九十九年間の貸与、〈中国よ、おまえもか!!〉という思いを禁じ得ない。

国交正常化前のその昔、北京で「米帝国主義は日中両国人民共通の敵」とぶち上げた日本の政治家がいた。習近平独裁政権がそうならないことを願う。

外交不在

それにしても、外交的な努力を一切放棄し、中国を「仮想敵国」とし、ひたすら武力でもって対峙しようするのは尋常ではない。

中国が台湾に武力侵攻するようなことは決して支持しないし、またそうさせてはならないことはもちろんだ。台湾が戦場になれば、米軍基地の密集する沖縄も戦場になる。中国に対する挑発となる軍拡はすべきでない。日本と同様、中国にも、「挑発」を好機として軍拡を企てる勢力がいる。敵対的相互依存関係だ。

右記の理を踏まえた上で、喫緊の課題でもあるかのように喧伝されるいわゆる「台湾有事」について冷静に検証してみる必要がある。

台湾に武力侵攻したら、東アジアにどのような事態が招来されるか、対米関係はどうなるか、対外貿易関係など経済に及ぼす影響はどうかなどを冷静に考えたらおのずから答えは明らかであろう。

「中国が台湾に侵攻すれば米中は衝突する。世界大恐慌で、中国経済も悪化して生活水準が落ち込み社会は不安定化する。それでも構わないと中国人が納得する大義名分があるとすれば、それは台湾による「独立」宣言だ。逆に言えば、台湾を中国の不可分の領土とする「一つの中国論」の原則が維持されていると説明できれば台湾侵攻の口実はない」（宮本雄二元中国大使　二〇二三年一月十四日毎日新聞）。

台湾が独立宣言をしない限り、中国が台湾に「武力侵攻」することはないとみるのが常識的な考え方である。

二〇二三年二月十日付朝日新聞によれば台湾野党国民党の夏立言副主席が訪中し、九日、中国の台湾政策部門トップ宋濤氏らと会談し、「中台関係の改善は短期的には困難」としつつ、自治体や民間の交流を強化することを提案し、宋氏も対話と交流の重要性を主張したという。国民党・馬英九政権下で中台の窓口機関で「一つの中国」を原則とする「九二年コンセンサス」が口頭でなされている。（一〇六頁「追記」参照）

米中は新たな「冷戦」に入ったともいわれるが、仮にそうだとしても「新冷戦」は、かっての「冷戦」とは様相を異にすることに留意すべきだ。かっての「冷戦」は、東西二つの陣営がそれぞれ完全に閉ざされたものとして対峙した。しかし、今日のグローバル経済下で、米中間の経済関係は閉ざされていない。米中は互いに主要貿易国である。日中間も同様である。

ミサイルでなく、四つの基本文書で平和を創る

日本は、日中共同声明で、台湾は中国の一部であるとする「一つの中国論」を支持し（同声明本文二，三項）、台湾問題は中国の内政問題であることを認めた。この点は七二年二月の」米中上海コミュニケを発した米国も基本的には同様だ。

何故、一九七二年の日中共同声明をはじめとする日中間の四つの基本文書を「平和資源」として活用する対中外交をしないのか。あまりにも無策である。本音はともかくとして、習近平主席も日中間は四つの基本文書によって律せられるべきだと述べている。

政府は、一九七二年の日中国交正常化以来、日本は台湾問題にどう向き合ってきたかを国民に対し正確に伝えるべきだ。

日中共同声明七項では、日中両国は互いに覇権国家（武力によって物事を決する）とはならないことを宣言し、中国の鄧小平も七四年の国連総会演説、七八年の日中平和友好条約等で繰り返し、中国は覇権国家とならないと啖呵を切ってきた。

これらの発言を「平和資源」として活用し、中国に、台湾有事、すなわち台湾への武力侵攻をさせないように働きかけ、同時に、台湾に対しても慎重な行動をとるよう要請すべきだ。

これこそが「政府の行為によって再び戦争の惨禍が起こることのないようにすることを決意し」（憲法前文）、「日本国および中国が相互の関係において、すべての紛争を平和的手段によって解決し、武力、または武力の威嚇に訴えない」（日中共同声明六項）とした日本外交の在りようだ。米国と一体となって南西諸島にミサイル防衛網を設け要塞化し、米軍との共同軍事演習を行うことなど外交でも何でもない、中国に対する挑

発だ。
それにしても、台湾の未来を決めるのは、二四〇〇万人の台湾住民だけでなく、十四億の中国人だとするのは不条理、悩ましい問題ではある。「不条理」ではあっても「台湾有事」は絶対に起こさせてはならない。尖閣領有問題と同様、台湾問題は、現状の「棚上げ」しかない。「棚上げ」とは「先送り」と同義語ではなく「政治の知恵」なのだ。

日台間は文化、経済の交流で

日中間における四つの基本文書の三つめ、一九九八年の「平和と発展のための友好協力パートナーシップの構築に関する日中共同宣言（小渕恵三首相・江沢民主席）は、台湾問題について、「一つの中国」とする中国側の主張について日本側は、「日本が日中共同声明の中で表明した台湾問題に関する立場を引き続き遵守し、改めて中国は一つであるとの認識を表明する」とした上で、「日本は引き続き台湾と民間及び地域的な往来を維持する」とした（後掲五十年史三十六頁）。日本は、台湾とは、文化、経済の交流はするが、政治的な交流はしないとしてきた。周恩来総理も、田中総理に「台湾に対しては、日本は従来と同じように経済交流、人事交流、文化交流をやっていただきたい。ちっとも干渉しません」と語ったという（『NHKスペシャル　周恩来の覚悟』NHK出版）

日本の新幹線技術は中国、台湾双方に提供されている。なお日中共同宣言では中国側は、日本のODAに感謝の意を表明していることも記しておきたい。

二〇〇八年の「〈戦略的互恵関係〉の包括的推進に関する日中共同声明」においても、「台湾問題に関し、日本側は、日中共同声明において表明した立場を引き続き堅持する旨改めて表明した」としている。日本側はこの約束を守らなければならない。

二〇二二年十二月十一日萩生田自民党政調会長は、七月の銃撃殺によって九月に予定していた訪台がかなわなくなった安倍元首相の名代として訪台し、台湾政府首脳らと会談した。政権の一員ではないものの、政権与党の三役の一員が訪台することは、日中共同声明を基本とする日中間の四つの基本文書の中で一貫して確認されてきた「一つの中国論」に抵触する。二十七日には世耕弘成自民党参議院幹事長も安倍派の参議院議員十名を引き連れ訪台し、高雄に建立された安倍晋三の銅像に献花し、翌二十八日蔡英文総統と会談し、先頃閣議決定した敵基地攻撃能力保有を明記した「国家安全保障戦略」などの安保関連三文書の改訂について説明した、蔡総統はこれを歓迎した。

自民党の外交、国防両部会長と台湾与党の民進党の外交、国防担当議員による日台与党間の「外務・防衛二プラス二」を実施する方向で一致したという（十二月二十九日毎日新聞）。中国を「仮想敵国」としたほとんどもう「軍事同盟」気分だ。二〇二二年八月のペロシ米下院議長の訪台と同様、中国に対する挑発以外の何物でもない。

萩生田、世耕の訪台の背景には安倍派の跡目争いがある。とんでもない話だ。ポツダム宣言は読んだことがないと嘯いたのは、「日本を取り戻す」と声高に語っていた故安倍晋三元首相だが、その子分である、萩生田、世耕も、日中間の四つの基本文書を読んだことなどないのだろう。

飲水思源　先人たちの尽力に思いを馳せよう

七二年の日中共同声明以降の四つの文書は日中間を律する基本文書であり、先人たちによって作られた「平和資源」である。

二〇〇八年の「〈戦略的互恵関係〉の包括的推進に関する日中共同声明」では「双方は、互いに協力のパートナーであり、互いに脅威とならないことを確認」した上で、「日本側は、中国の改革開放以来の発展が、日本を含む国際社会に大きな好機をもたらしていることを積極的に評価し、恒久の平和と共同の繁栄をもたらす世界の構築に貢献していくとの中国の決意に対する支持を表明した。中国側は日本が、戦後六十年余り、平和国家としての歩みを堅持し、平和的手段により世界の平和と安定に貢献してきていることを積極的に評価した。」と述べる。現在の日中関係からすると考えられないようなエールの交換だ(後掲五十年史三十九頁)。

前述したように日中国交正常化を実現した田中首相、大平外務大臣らには戦争体験者として中国に対する申し訳のなさと中国文明に対するリスペクトがあった。日本留学体験のある周恩来総理にも日本文化に対するリスペクトがあった。

今、大切なことは、日中両国の指導者・民衆が、日中友好に向けた先人たちの尽力に思いを馳せ、「両国間の国交を正常化し、相互に善隣友好関係を発展させることは、両国国民の利益に合致するところであり、またアジアにおける緊張緩和と世界の平和に貢献するものである」という日中共同声明前文結びの精神に立ち返ることではないか。

一九七二年、戦後二十七年を経たとはいえ、中国民衆間には日本軍による侵略の記憶はまだまだ鮮明であり、日本の首相を迎えることに対する反発もあった。

しかし、周恩来総理は、「なぜ日本の田中総理を招請するのか、これは毛沢東主席と党中央の重要な戦略的配置である」とし、「まじめに準備し、田中一行の応対を立派になし遂げよう」と呼びかけ、「過去において日本軍国主義が長期的に中国を侵略し、日本兵のもたらした苦しみを十分に味わった。家が破壊され、家族がばらばらになった。深い恨みはいつまでも忘れがたい。日の丸を見ると腹が立つ。それなのに、なぜ日本の首相を中国に招くのか、納得できないという人もいるだろう。

このような気持ちはよく理解できる。日本軍国主義が中国を何十年にわたって侵略し、中国人民に災難をもたらした。この歴史は忘れてはならない。しかし、我々は感情で政策を決めてはならない」と説得した(『N

ＨＫスペシャル　周恩来の決断』ＮＨＫ出版）。そして田中訪中に先立つ九月十四日、上海では有線放送を使って、十四万人の幹部が「なぜ田中訪中が必要か。何故日本との国交樹立に踏み切るのか」といった点について宣伝教育を受けた（同）。

九月二十五日北京空港、周恩来総理は、「日の丸」と「君が代」の演奏で田中首相を出迎えた。（「ドキッ」、筆者注）私たちは、この周恩来総理の決断を思い起こす必要がある。もちろん田中首相にも日本に帰ったら「刺されるかもしれない」という覚悟もあったはずだ。

共同声明に際して、周恩来総理は、田中角栄首相に「言必信　行必果」の語句を贈った。〈言ったことは互いに守らなければならない。行ったことは互いに結果を出さなくてはならない〉というような意味だろうか。田中首相は「信は万事の本」と応じた。

一九九五年八月十五日、戦後五十年際し、閣議決定を経て発せられた日本国内閣総理大臣（村山首相）談話も「植民地支配と侵略によって多くの国々、とりわけアジア諸国の人々に対し、多大な損害と苦痛を与えた」ことに対し、「痛切な反省の意を表し、心からのお詫びの気持ちを表明」した上で、「杖《よる》は信に如《し》くは莫《な》し」と結んでいる。

国同士はどうであれ、馬鹿な学者やメディアが扇動しない限り、民衆は決して戦争を望まない。

二〇二三年一月五日、福田康夫元首相（二〇〇八年「〈戦略的互恵関係〉の包括的推進には関する日中共同声明」の当事者）は、毎日新聞のインタビューに応え、「日中は利益共同体」、「五十年前の国交回復思いだせ」と応え、「〈有事〉とは戦争をも含む重い言葉だ。政治家がそのような言葉公に使うことは慎重であるべきだ。我々のすべきことは、有事が起こらないよう米中双方に働きかけてゆくことだ」と語っている。

（本稿は琉球新報二〇二三年一月六，七日号掲載の稿「無責任な「有事喧伝」日中間に四つの基本文書」に加筆したものである）

日中国交正常化五十年史

「一つの中国」論、反覇権条項、尖閣諸島問題

はじめに

一九四五年八月十五日、　大日本帝国崩壊
一九四七年五月三日、　日本国憲法施行
一九四九年十月一日、　中華人民共和国成立
一九五〇年六月、　朝鮮戦争（五三年七月、休戦）
一九五二年四月二十八日、　サンフランシスコ講和条約発効
　同年同月同日、　日米安保条約
　同年同月同日、　日華平和条約
一九五〇年代末、　中・ソ対立が始まる
一九六五年、　中国、ソ連を「社会帝国主義」と批判
一九六六年、　「文化大革命」始まる（七六年まで）

一九六五年、　米国、ベトナム戦争介入
　同年、　日韓基本条約・請求権協定
一九六四年、　日中記者交換協定
一九六二年、　日中民間貿易協定（L・T貿易（L＝廖承志・T＝高碕達之助））
一九五九年九月、　前首相石橋湛山訪中、周恩来と共同コミュニケ（日中共同声明の原型となる）
一九五三年、　中国人遺骨送還運動（六四年まで十二年間）
一九七一年七月十五日、　米政権「一年以内に中国訪問」と発表、ニクソンショック
　同年九月十三日、　林彪による毛沢東暗殺計画発覚。林彪逃亡の飛行機モンゴルで墜落、死
　同年十月二十五日、　中華人民共和国の国連加盟
一九七二年二月二十七日、　上海コミュニケ　周恩来・ニクソン
一九七二年五月十五日、　沖縄「復帰」
　同年九月二十九日、　日中共同声明
一九七二年九月二十五日、　北京
田中角栄首相「私は、長い民間交流のレールの上に乗って、今日ようやく、ここに来ることができました」
周恩来総理　レセプションで「佐渡おけさ」、「金毘羅船々」、「小原節」を流して歓迎、田中首相の帰国に際し、「言必信行必果」を贈る

上海コミュニケ（一九七二年二月二十七日　ニクソン・周恩来）

反覇権条項

すべての国は、大小を問わず平等であるべきであり、大国は小国を愚弄すべきではなく、強国は弱国を愚弄すべきではない。中国は決して超大国にはならず、またいかなる覇権主義及び強権政治にも反対する。

一つの中国

中国側

中国側は、台湾問題は中国と米国との間の関係正常化を阻害しているかなめの問題であり、中華人民共和国政府は中国の唯一の合法政府であり、台湾は中国の一省であり、夙に祖国に返還されており、台湾解放は、他のいかなる国も干渉の権利を有しない中国の国内問題であり、米国の全ての軍隊及び軍事施設は台湾から撤退ないし撤去されなければならないという立場を再確認した。中国政府は、「一つの中国、一つの台湾」、「一つの中国、二つの政府」、「二つの中国」及び「台湾独立」を作り上げることを目的とし、あるいは「台湾の地位は未確定である」と唱えるいかなる活動にも断固として反対する。

1972年２月25日、北京の人民大会堂で行われたニクソン米大統領主催の晩さん会で乾杯のグラスを合わせる大統領（左）と周恩来・中国首相＝UPI

米国側

米国側は次のように表明した。米国は、台湾海峡の両側のすべての中国人が、中国はただ一つであり、台湾は中国の一部分であると主張していることを認識している。米国政府は、この立場に異論をとなえない。米国政府は、中国人自らによる台湾問題の平和的解決についての米国政府の関心を再確認する。かかる展望を念頭におき、米国政府は、台湾から全ての米国軍隊と軍事施設を撤退ないし撤去するという最終日標を確認する。当面、米国政府は、この地域の緊張が緩和するにしたがい、台湾の米国軍隊と軍事施設を漸進的に減少させるであろう

①日中共同声明（一九七二年九月二十九日　田中・周恩来）

「一衣帯水の歴史と戦争責任」

日中両国は、一衣帯水の間にある隣国であり、長い伝統的友好の歴史を有する。両国国民は、両国間にこれまで存在していた不正常な状態に終止符を打つことを切望している。戦争状態終結と日中国交正常化という両国国民の願望の実現は、両国関係の歴史に新たな一頁を開くことになろう。

日本側は、過去において、日本国が戦争を通じて中国国民に重大な損害を与えたことについての責任を痛感し、深く反省する。（略）

両国間の国交を正常化し、相互に善隣友好を発展させることは、両国国民の利益に合致するところであり、また、アジアにおける緊張緩和と世界の平和に貢献するものである（前文）。

反覇権条項

日中両国間の国交正常化は、第三国に対するものではない。両国のいずれも、アジア・太平洋地域において覇権を求めるべきでなく、このような覇権を確立しようとする他のいかなる国あるいは国の集団による試みにも反対する（七項）。

一つの中国

日本国政府は、中華人民共和国政府が中国における唯一の合法政府であることを承認する（二項）。中華人民共和国政府は、台湾が中華人民共和国領土の不可分の一部であることを重ねて表明する。日本国政府は、中華人民共和国政府のこの立場を十分理解し、尊重し、ポツダム宣言第八項に基づく立場を堅持する（三項）。

- 田中首相が「台湾とは国交は断絶するが、人的、文化的交流は続ける」と述べたところ、周恩来総理は「どうぞ、どうぞ、今まで通りお続けください、一向にかまいません」と応じた。この確認は一九九八年の日中共同宣言では文書化されている。

日中国交正常化に向け、話し合う田中角栄首相（左）と周恩来首相＝中国・北京にて
1972年9月撮影

※　ポツダム宣言第八項
カイロ宣言ノ条項ハ履行サレルベシ。日本国ノ主権ハ、本州、北海道、九州及ビ四国並ビニ吾等ノ決定スル諸小島ニ局限セラレルベシ。

※　カイロ宣言
同盟国ハ自国ノタメニハ利得ヲ求メズ、又領土拡張ノ念モ有シナイ。同盟国ノ目的ハ第一次世界大戦開始以降、日本国ガ奪取シ又ハ占領シタ太平洋ニオケル全テノ島ヲ日本国カラ剥奪スルコト並ビニ満州、台湾及ビ澎湖島ノヨウニ、日本国ガ清国人ヨリ盗取シタ全テノ地域ヲ中華民国ニ返還スルトコロニアル。

尖閣諸島問題

九月二十七日第三回会談
田中首相　ところで尖閣諸島問題についてはどう考えるか。

周恩来　いや、その話はやめておこう。

一八七九年、琉球藩を廃止し、沖縄県とした（琉球処分）際に、中国側が抗議。米国前大統領グラントの仲介により、宮古島以西を中国領とする条約の仮調印までしたが、最恵国待遇の条項を巡って条約は不成立。

日本が、尖閣諸島を国土に組み入れたのは一八九五年、日清戦争末期、中国は文句を言える状況になかった。なお日本政府が公言したのは一九七〇年になってから。

一九七六年一月八日　周恩来死亡
同年九月九日　毛沢東死亡
同年末　文革終了（終了宣言は一九七七年になってから）
一九七八年十月　靖國神社にA級戦犯合祀（合祀が公になったのは翌七九年四月の例大祭の際）

② 日中平和友好条約（一九七八年八月十二日　園田外相・鄧小平）

「前記の共同声明が両国間の平和友好関係の基礎となるものであること及び前記の共同声明に示された諸原則が厳格に順守されるべきことを確認し」と日中共同声明の基本を踏襲し、これを条約化した。

反覇権条項

鄧小平が園田外相に対して「反覇権条項は、将来中国が覇権国家にならないためにも必要なのだ」と激しく迫る。条約第二条において反覇権条項を再確認。
一九七四年十月国連総会において、鄧小平は「中国は覇権国家にならない。もし中国が覇権国家になったならば、世界の人民は、中国民衆と共にこの覇権国家を打倒すべきである。」と啖呵を切った。

園田直外相主催の答礼夕食会で杯を交わす園田外相（右）と鄧小平副主席（共同）
1978年８月12日撮影

尖閣諸島問題

棚上げ論の暗黙の確認

一九七八年十月、来日した鄧小平は、尖閣諸島の領有権問題について「私どもは、両国政府はこの問題をとり上げないのが比較的賢明だと考えています。このような問題は一時棚上げにしても問題はないし、十年間ほうっておいてもかまいません。将来かならず双方ともに受け入れることのできる問題解決の方式をさがしあてるでしょう」（『北京週報』一九七八年第四十三期）と述べた。

一九七九年五月三十一日付読売新聞社説は、「尖閣問題を紛争のタネにするな」と題し、以下のように述べる。「尖閣諸島の領有権問題は、一九七二年の国交正常化の時も、昨年夏の日中平和友好条約の調印の際にも問題になったが、いわゆる『触れないでおこう』方式で処理されてきた。つまり、日中双方とも領土主権を主張し、現実に論争が〝存在〟することを認めながら、この問題を留保し、将来の解決に待つことで日中政府間の了解がついた。それは共同声明や条約上の文書にはなっていないが、政府対政府のれっきとした〝約束ごと〟であることは間違いない。約束した以上は、これを遵守するのが筋道である」。

一九七二年の日中共同声明当時、外務省条約課長として、声明案作成作業に従事した栗山尚一（後、駐米大使）は、「尖閣問題は『棚上げ』するとの暗黙の了解が首脳レベルで成立したと理解している（中国側が『棚上げ』を主張し、日本側は敢えてこれに反対しなかった）。わが方は『棚上げ』によって失うものはなかった」、「尖閣問題の棚上げの暗黙の了解は、七八年の平和友好条約締結に際して再確認されたと考えるべきであろう」（「尖閣諸島と日中関係―『棚上げの意味』【アジア時報】二〇一二年十二月号）と述べている。

一九七八年十二月二十五日、米中共同声明（カーター・鄧小平）

一九七九年一月一日から米中国交回復、台湾と断交
米国は、中国は一つであり、台湾は中国の一部であるという中国の立場を認識する。

一九八五年八月　十五日、　中曽根首相、靖國神社公式参拝
　同年十月二十三日、　中曽根首相、国連総会演説
一九八九年六月、　天安門事件
一九九三年、　慰安婦問題に関する河野官房長官談話
一九九五年八月十五日、　村山首相、閣議決定を経て戦後五十年談話
一九九八年十月八日、　小渕恵三首相・金大中大統領「二十一世紀に向けてのパートナーシップ日韓共同宣言」（植民地支配に対する謝罪）

③ 一九九八年十一月三十日　平和と発展のための友好協力パートナーシップの構築に関する日中共同宣言（小渕恵三首相、江沢民主席）

日本国政府の招待に応じ、江沢民中華人民共和国主席は、一九九八年十一月二十五日から三十日まで国賓として日本国を公式訪問した。この歴史的意義を有する中国国家主席の初めての日本訪問に際し、江沢民主席は、天皇陛下と会見するとともに、小渕恵三内閣総理大臣と国際情勢、地域問題、及び日中関係全般について突っ込んだ意見交換を行い、広範な共通認識に達し、この訪問の成功を踏まえ、次の通り共同で宣言した。

●双方は日中国交正常化以来の両国関係を回顧し、政治、経済、文化、人の往来等の各分野で目を見張るほどの発展を遂げたことに満足の意を表明した。
●双方は、一九七二年九月二十九日に発表された日中共同声明及一九七八年八月十二日に署名された日中平和友好条約の諸原則を遵守することを改めて表明し、上記の文書は今後とも両国関係の最も重要な基礎であることを確認した。
●双方は過去を直視し歴史を正しく認識することが、日中関係を発展させる重要な基礎であると考える。

日本側

日本側は、一九七二年の日中共同声明及び一九九五年八月十五日の内閣総理大臣談話を遵守し、過去の一時期の中国への侵略によって中国国民に重大な災難と損害を与えた責任を痛感し、これに対し、深い反省を示した。

中国側

中国側は、日本側が歴史の教訓に学び、平和発展の道を堅持することを希望する。

双方は、この基礎の上に長きにわたる友好関係を発展させる。

日本側は、安定し解放され発展する中国はアジア太平洋地域及び世界の平和と発展に対し重要な意義を有しており、引き続き中国の経済開発に対し協力と支援を行っていくとの方針を改めて表明した。

日本側は、中国がＷＴＯへの早期加盟に向けて払っている努力を引き続き支持していくことを重ねて表明した。

日本側は、日本が日中共同声明の中で表明した台湾問題に関する立場を引き続き遵守し、改めて中国は一つであるとの認識を表明する。

日本は、引き続き、台湾と民間及び地域的な往来を維持する

中国側は、日本がこれまで中国に対して行ってきた経済協力に感謝の意を表明した。

二〇〇一年四月～二〇〇六年九月、小泉政権、毎年靖國神社参拝問題
二〇〇二年九月十七日、日朝平壌共同宣言（植民地支配に対する謝罪）
二〇〇五年八月十五日、小泉首相、村山首相談話を踏襲した戦後六十年談話
二〇〇五年三月～四月、日本の国連常任理事国入りに反対、日本の教科書問題に抗議し、中国の成都、広州、北京、上海などで反日デモ、「愛国無罪」を叫んで暴徒化

夕食会で乾杯する江沢民主席（左）と小渕恵三首相＝官邸で1998年11月27日午後、代表撮影

温家宝首相日本の国会演説（二〇〇七年四月十二日）

一つの中国

台湾問題は中国の核心的利益にかかわるものですので、少し触れたいと思います。私達は台湾問題の平和的解決をめざして最大限の努力を尽くしてまいります。しかし、「台湾独立」を絶対に容認しません。台湾当局による「台湾の法的独立」及び他のいかなる形の分裂活動にも断固として反対します。

日本側には台湾問題の高度な敏感性を認識し、約束を厳守し、この問題に慎重に対処するよう希望します。

尖閣諸島問題

大局を念頭に置いて、小異を残し大同につくことです。中日両国の間には一部の具体的な利益と一部の問題に関する見解に意見の相違があることは認めなければなりません。しかし、双方の共通利益と比べれば、これは到底副次的なものであります。われわれは戦略的大所高所から、長期的視点に立って、そして歴史に対し責任ある態度で、誠意と自信を持って、対話と協議を行いさえすれば、双方の間に横たわる問題を適切に解決する方法を必ず見出すことができます。

東海の問題については、両国は係争を棚上げし、共同開発する原則に則って、協議のプロセスを積極的に推進し、相違点の平和的解決のため実質的なステップを踏み出して、東海を平和・友好・協力の海にすべきです。

北京大学での福田康夫首相演説（二〇〇七年十二月）

温家宝首相演説を受けて、日本の福田康夫首相（当時）は、同二〇〇七年十二月北京に飛び、北京大学で「共に未来を創ろう」と題して演説し、魯迅の「もともと地上に道はない。歩く人が多くなればそれが道になる」を引用して締めくくった。これを中国共産党は全中国に流した。

④「戦略的互恵関係」の包括的推進に関する日中共同声明（二〇〇八年五月　福田康夫・胡錦涛）

二〇〇八年五月、中国の胡錦涛主席が来日し、福田康夫首相との間で『戦略的互恵関係の包括的推進に関する日中共同声明』を発した。同声明は、「双方は、互いに協力のパートナーであり、互いに脅威とならないことを確認」した上で、「日本側は、中国の改革開放以来の発展が、日本を含む国際社会に大きな好機をもたらしていることを積極的に評価し、恒久の平和と共同の繁栄をもたらす世界の構築に貢献していくとの中国の決意に対する支持を表明した。中国側は日本が、戦後六十年余り、平和国家としての歩みを堅持し、平和的手段により世界の平和と安定に貢献してきていることを積極的に評価した。」と、互いにエールを交換した。

胡錦涛主席は早稲田大学で講演。「我々は、歴史を刻み付けなければならないと強調するが、恨みを持ち続けるべきではない。」

共同会見後、胡錦濤主席（左）のイヤホンをはずそうとする福田康夫首相＝2008年5月7日、首相官邸で（代表撮影）

日中関係最悪へ

二〇一〇年九月七日　中国漁船による海上保安庁の巡視船に「体当たり」　船長泥酔

意図的かどうか不明　巡視船が漁船の進行を妨げたという見解も

海上保安庁、漁船の船長らを公務執行妨害の容疑で逮捕、

前原国土交通大臣　当時民主党代表選（菅と小沢）、公務執行妨害で逮捕、

送検、勾留請求、さらに勾留延長請求、最終的に菅首相の指示で仙谷官房

同年九月八日　長官が那覇地検に外務省の中国・モンゴル課長を派遣、那覇地検は、「わ

が国国民への影響と今後の日中関係を考えると、これ以上身柄を拘束して

捜査を続けることは相当でない」として処分保留で釈放。

当時外務大臣の前原は強行に反対した。

これまでの前例（自民党小泉政権）、二〇〇四年尖閣諸島に上陸した七人

中国人活動家を拘束しても送検はせず釈放（送還）。

二〇一二年七月　尖閣諸島「国有化」　石原慎太郎都知事の挑発を起因、日中関係最悪化、

中国各地で反日デモ

二〇一三年十二月二十六日　安倍首相、靖國神社参拝

棚上げ論の否定

二〇一〇年九月二十六日、菅直人内閣は、「棚上げ合意、約束は存在しない」と閣議決定。中学校用社会科教科書で尖閣・竹島の領有明記

同年十月二十一日、前原外相、衆院安全保障委員会で「棚上げ論」は鄧小平が勝手に言っていることで、日本政府として合意しているものではない、と答弁。

二〇一二年九月十二日、尖閣諸島「国有化」

【注】民主党政権以前の日本政府（外務省）も、公式論的には「棚上げ論」を認めたことは一度もなかった。

「尖閣諸島が日本固有の領土であることは歴史的にも国際法上も明らかであり、現に我が国はこれを有効に支配しています。したがって、尖閣諸島をめぐって解決しなければならない領有権の問題はそもそも存在しません」（内閣官房）。これが現在の日本政府の見解である。

中国公船による日本漁船の追尾

二〇二〇年、中国公船による日本の「漁船」に対する追尾が行われているという報道。

この「漁船」は日本の右派が仕立てた挑発船

国会内で刺身の試食会をしている。

中国海警局に所属する船舶（奥）を警戒監視する海上保安庁の巡視船＝尖閣諸島周辺で（海上保安庁提供）

日中関係の改善に向けた話し合い

二〇一四年十一月十四日の安倍首相の訪中、習近平主席との日中首脳会談の露払いとして同年十一月七日訪中した谷内正太郎国家安全保障局長は、楊潔篪国務委員との間で尖閣諸島問題につき以下のような確認をなした。

双方は尖閣諸島等東シナ海において近年緊張状態が生じていることについて異なる見解を有していると認識し、対話と協議を通じて、情勢の悪化を防ぐとともに、危機管理メカニズムを構築し、不測の事態の発生を回避することで意見の一致を見た。


日中間における前記四つの基本文書及び温家宝首相の国会演説、そして日韓間における前記「日韓共同宣言　二十一世紀に向けての新たなパートナーシップ」及び金大中大統領の国会演説は「平和資源」であり、外交においてこれらを活用しない手はない。

台湾の未来を決めるのは二四〇〇万人の台湾住民かそれとも十四億の中国人（中国共産党?）か、という悩ましい問題がある。

日中共同声明第五項　戦争賠償請求の放棄と二分論

日中共同声明第五項は、「前文」中の「日本側は、過去において日本国が戦争を通じて中国国民に重大な損害を与えたことについての責任を痛感し、深く反省する」を受けて、「中華人民共和国政府は、中日両国国民の友好のために、日本国に対する戦争賠償の請求を放棄することを宣言する」としている。中国政府がこの戦争賠償の放棄を中国民衆に納得させることは大変困難なことであった。

幕末列強に開国を強いられ、不平等な条約を締結させられたことに憤激した吉田松陰は、師である信州松代真田藩出身の洋学者佐久間象山に、「国力を養い、取り易き朝鮮、満州、支那を切り随え交易にて魯（ロシア）、墨（アメリカ）に失う所はまた土地にて鮮満（朝鮮と満州）に償うべし……」と書き送った。「それでは間違いができる」と象山は論したが、残念ながら日本の近・現代史は象山の憂慮したとおりの「間違いの道」を歩んだ。一八九五年、日清戦争後の下関条約で、日本は、中国から台湾、膨湖島を取り、更に、当時の日本の国家予算（約八〇〇〇万円）の四倍強に当たる二億両（約三億六〇〇〇万円）もの賠償金を取った。一九一五年、第一次世界大戦中、欧州動乱のドサクサに紛れて、日本は、不法にも中国に、対華二十一ヶ条の要求」を突きつけ、飲ませた。

それは、「我国は隣国の開明を待て共に亜細亜を興すの猶豫ある可らず。寧ろ其伍を脱して西洋の文明国と進退を共にし、其支那朝鮮に接するの法も隣国なるが故にとて特別の会釈に及ばず、正に西洋人が之に接するの風に従て処分す可きのみ。悪友を親しむ者は共に悪名を免かる可らず。我れは心に於て亜細亜東方の悪友を謝絶するものなり。」（福澤諭吉）の実践に他ならなかつた。中国革命の父孫文は、その死の前年の一九二四年、日本に対して「西洋帝国主義の番犬となるか、あるいは東洋王道の前衛となるか」という警告を発したが、日本の中国大陸に対する蚕食はやむことがなかつた。一九三一年の「満州事変」、一九三七年からの「日華事変」等々、近・現代において日本が中国に対してなした「仕打ち」は凄まじいものであった。日本の民衆がこのことを忘れても、中国民衆は忘れるはずはなかった。

一九四五年八月十五日、日本の敗戦により、中国の民衆が、「さあ、今度は俺たちが、日本に請求する番だ」と思ったのは、当然であつた。それを抑えたのが八月十四日夜、国民党総統蒋介石の「暴をもって暴に報いるな」という以下のような「以徳報怨」演説であった。

同志諸君。われわれ中国人は、旧悪を思わず、人に善をなす、ということがわが民族の伝統的な至高至貴の特性であり、われわれが一貫して声明したのは「われわれは日本軍閥を敵とするが、日本人民を決して敵と認めない」と述べたことを思い出さなければならない。

こんにち敵軍は、われわれと同盟軍によって打倒され。われわれは当然かれが一切の降伏条件を忠実に履行するよう厳重にこれを求めるものである。

しかし、われわれは決して報復を企図するものではない。敵国の無辜の人民にたいしてはなおさら侮辱を加えるものではない。われわれはただ彼らに憐憫を表示し、かれらをしてみずからその錯誤と罪悪を反省せしめんとするだけである。

もしも、暴行をもって過去の暴行に報い、汚辱をもって従来の彼らの優越感に応うるならば、怨と怨とは相報い、永く止まるところはない。これはけっしてわれわれ仁義の師の目的ではない。

蒋介石は、日本の軍閥と日本の民衆を区別しなければならないと、いわゆる「二分論」を唱えた。もっとも蒋介石は、この時点で、日本に対する戦争賠償請求の放棄を考えていたわけではない。一九五二年四月二十八日の日華平和条約で蒋介石が戦争賠償請求の放棄をしたのは、同日発効したサンフランシスコ講和条約で連合国が日本に対する戦争賠償請求を放棄していたため、これに倣ってやむなく放棄した（させられた）のである。

日中国交正常化交渉の過程でも、当然のこととして戦争賠償の問題が議題となった。日本側は、戦争賠償の問題は日華平和条約において解決済みという頑なな態度をとった。中国側は、早急に日中国交正常化を実現させるために台湾問題に関する「一つの中国論」だけは絶対に譲れないとし、戦争賠償請求は断念し、これを放棄した。

周恩来も賠償請求放棄に不満な中国民衆を蒋介石の使った「二分論」によって説得した（抑え込んだ）。

①　日本の民衆も、中国の民衆と同じく被害者だ。ごく少数の軍国主義分子と広汎な日本人民とを厳格に区別して考えなくてはならない。

②　賠償請求によって、苦しむのは日本の民衆だ。苛酷な賠償に苦しんできた中国民衆は、そのことがよく分かっている。

③　新中国は、日本から賠償金を取らなくても建設して行ける。

「少数の軍国主義者と広汎な日本人民」とを分ける二分論は、当時の厳しい中ソ対立の中で毛沢東・周恩来がとった戦略的選択であった。

「一九七二年の国交正常化（七二年体制）で得たものは確かに大きい。しかし最大の問題は、「国交正常化で置き去りにされたのは、未曽有の戦禍を強いられた中国人の心」であった（服部龍二『日中国交正常化

――田中角栄、大平正芳、官僚たちの挑戦』二〇一一年　中公新書）。

「これにどう対処するかは七二年以降の課題だったが、その対応は十分だったとは言い難い。」（毛里和子『日中漂流――グローバル・パワーはどこへ向かうか』二〇一七年　岩波新書）。

毛里は言う「中国の賠償請求放棄に対する謝辞を共同声明に含めることがなぜできなかつたのか。田中首相は会議の途中で、感謝の言葉を述べている。なぜそれを外交文書に入れて残さなかったのか。もう一つ、賠償の代替となりうるような中国を支援する日本の新規事業をきちんと提起することも必要であった」と（前掲書）。

「国交正常化における賠償請求放棄は、日本の巨額の財政負担を避け、日本人の対中感情を好転させた反面、長期的に見れば、日本の「戦後処理」を曖昧な形にし、日中両国の歴史処理にねじれをもたらす結果になった」（井上正也　二〇一二年）

日本のメディアもこの点についての関心が薄かった。唯一、『毎日新聞』の社説が、共同声明発表後の記者会見で大平外相が「正当に評価する」と答えた部分にふれ、「〝戦勝国としての中国のこうした態度に、日本国民は率直に謝意を表すべきであろう」と注文を付けただけである。

中国側でも賠償請求放棄という重大問題に中国の国民が全く関与できず、ほとんどが毛沢東・周恩来によって決められ、実行され、幹部も国民も全く知らない中で行われた。そのことが後に問題を生じさせることになる。

前記のような経緯、とりわけ「少数の軍国主義者と広汎な日本人民」とを分ける二分論からすると、先の戦争をアジア解放の「聖戦」だと主張する靖國神社に東条英機らA級戦犯が「護国の英霊」として合祀され、そこに日本首相らが参拝することは、中国とすれば、話が違うのではないかと云うことになるのは当然であろう。

小泉首相・安倍首相らの靖図神社参拝は、日中共同声明前文に云う「日本側は、過去において日本国が戦争を通じて中国国民に重大な損　害を与えたことについての責任を痛感し、深く反省する」及び、これを受けての本文第五項「中華人民共和国政府は、中日両国国民の友好のために、日本国に対する戦争賠償の請求を放棄することを宣言する」に違背する。

雨中嵐山の周恩来

――王敏教授「周恩来の対日『民間外交』の原点を探る」に触発されて

（「月刊社会民主」二〇二〇年九月号）

王敏法政大学国際日本研究所教授から「周恩来の対日「民間外交」の原点を探る　百年前の『雨中嵐山』を読む」（法政大学国際日本研究所研究成果報告集『国際日本学』第十七号収録）をいただいた。

三月二十五日から三日間ほど沖縄辺野古米軍新基地建設反対運動に参加し、「海を殺すな！」とキャンプシュワブ前に座り込み、機動隊にごぼう抜きされて排除されながら、堯、舜、禹の昔から治世とは治水、すなわち政治の要諦は民の暮らしを守る処にあったはずだ、などと考えていたので、大変興味深かった。コロナウイルスのまん延により明日にでも緊急事態宣言が出されるかもしれないとうわさされていた中で、まさに「雨中嵐山」詩に云う「一線陽光穿雲出」（陽の光雲間より射して）のような読後感であった。

一九一九年四月五日、雨の嵐山

一九一九年春、日本留学に見切りをつけた若き周恩来は、帰国前約一ヵ月、京都の友人宅に滞在した。四月五日、周恩来は、京都西北の嵯峨野、嵐山を逍遥し、二篇の詩を詠んだ。「雨中嵐山」と「雨後嵐山」である。

「雨中嵐山」

雨中二次遊嵐山（雨の中を二度嵐山に遊ぶ）

両岸蒼松、夹着幾株桜（両岸の青き松に、いく株かの桜まじる）

至尽処突見一山高（道の尽きるやひときわ高き山見ゆ）
流出泉水緑如許、繞石照人（流れ出る泉は緑に映え、石をめぐりて人を照らす）
瀟瀟雨、霧蒙濃（雨濛々として霧深く）
一線陽光穿雲出、愈見姣妍（陽の光雲間より射して、いよいよなまめかし）
人間的万象真理　愈求愈模糊（世のもろもろの真理は、求めるほどに模糊とするも）
模糊中偶然見着一点光明、真愈覚姣妍
（模糊の中にたまさかに一点の光明見出せば、真にいよいよなまめかし）

「雨後嵐山」
山中雨過雲愈暗（山あいの雨が通り過ぎると、雲がますます暗くなり）
漸近黄昏（ようやく黄昏が近づく）
万緑中擁出一叢櫻（万緑に抱かれた一群の桜は）
淡紅嬌嫩、惹得人心酔（うっすらと赤くしなやかで、人の心を酔わせるほどに惹きつける）
自然美、不假人工　不受人拘束（人為も借りず、人の束縛も受けない。自然の美しさ考えれば）
想起那宗教、礼法、旧文乞、、粉飾的東西（あの宗教、礼法、旧文芸、、粉飾物が）
還在那講什公信仰、情感、美観、、的制人学説
（信仰とか、情感とか美観とかを説く、人々を支配する学説に今なお存在する）
登高遠望　青山渺渺　被遮掩的白雲如帯
（高きに登り遠くを望めば、青山は限りなく広く、覆い被された白雲は帯のようだ）
十数電光、射出那渺茫嫩嫩黒暗的城市（あまりの稲妻がぼんやり暗くなった都市に光を刺す）

此刻島民心理、彷彿従情景中呼出（この時、島民の胸中が、あたかも情景より呼び出されるようだ）
元老、軍閥、党閥、資本家、、、（元老、軍閥、党閥、資本家、、、は）
従此後　将何所持（今より後、何をあてにしようとするのか）
（蔡子民訳）

一九八九年、日中友好を願う人々によって大堰川（保津川。渡月橋から下流は桂川となる）の東側、嵐山亀山公園の一角に、周恩来記念詩碑が建立され、「雨中嵐山」の詩が刻まれた。私は、この碑の前で日中共同声明全文を暗唱したことがある。

王敏教授は、前記二篇の詩を読み解くことで、周恩来と嵐山との一体感が浮かび上がると言い、次のように書く。

「『雨中嵐山』が読者に想像させるのは、雨に浮かぶ水墨画に似た風景であり、川面がなんとも幽玄で広々と浮かび上がり、流れ出る泉の水は緑のごとく、河畔の山岳がすっくと立っている。これこそ景色が突然切り替わった瞬間となる。そもそも、霧雨の朦朧（もうろう）とした中で、一筋の光が漏れてきたのである。それは自然よりの諭の如く、周恩来が万物真理とは求めるほど感じ捉えられるものだと悟るのである」

周恩来詩碑

三・一独立運動から五・四運動へ

周恩来が嵯峨野、嵐山を逍遥した約一ヵ月前の三月一日、日本の植民地下にあった韓国で、「三・一独立運動」が起きた。

第一次世界大戦後、ウィルソン米国大統領らが提唱した「民族自決」の声の高まりの中、一九一九年三月一日、日本の植民地下にあった韓国ソウルのタブコル公園で、学生たちが、三十三人の民族代表が起草した独立宣言を読み上げ、デモ行進をした。三・一独立宣言は、その末尾近くで、以下のように日本人にも呼びかけた。

「今日吾人ノ朝鮮獨立ハ朝鮮人ヲシテ正當ナル正策ヲ遂ケシムルト同時ニ日本ヲシテ邪路ヨリ出テテ東洋ノ支持者タル重責ヲ全フセントトシ」

(今日われわれが朝鮮独立を図るのは、朝鮮人に対しては、民族の正当なる生栄を獲得させるものであると同時に、日本に対しては、邪悪なる路より出でて、東洋の支持者たる重責を全うさせるものである)

これは、一九二四年十二月二十八日、中国の孫文が神戸高等女学院で行なった演説——日本は「西洋覇道の番犬となるか、それとも東洋王道の干城となるか」——にもつながる。しかし、日本の対韓政策は、「わが日本の国土はアジアの周辺にありといえども、その国民の精神は、すでにアジアの固陋を脱して西洋の文明に移りたり。しかるにここに不幸なるは近隣に国あり、一を支那といい、一を朝鮮という。(略)今の支那朝鮮はわが日本国のために一毫の援助とならざるのみならず、西洋文明人の眼をもってすれば、三国の地相接するがために、時にあるいはこれを同一視し、支韓を評するの価をもって、わが日本に命ずるの意味なきにあらず。(略)今日の謀をなすに、わが国は隣国の開明を待って共にアジアを興すの猶予あるべからず、寧ろその伍を脱して西洋の文明国と進退を共にし、其支那朝鮮に接するの法も隣国なるが故にとて、特別の会釈に及ばず、正に西洋人が之に接する風に従って処分す可きのみ。悪友を親しむ者は共に悪友を免がる可からず。我は心に於て亜細亜東方の悪友を謝絶するものなり」(福沢諭吉「脱亜論」一八八五年)

を基調とするものであった。

三・一独立運動は、日本の官憲の弾圧にさらされ、韓国側の調査によれば、死者七五〇〇余名。被逮捕者四万六〇〇〇余人を数えるといわれるが、同年四月、上海での大韓民国臨時政府樹立につながり、さらに同年五月四日、帝国主義に反対する北京の学生デモ、「五・四運動」へと波及した。

一九一五年に対華二十一カ条要求を行なった日本を含め、列強に蚕食される祖国のありように危機感、焦燥感に駆られたであろうであろう若き周恩来は、帰国するや「五・四」運動に参加し、天津の南開大学に入学した。翌二〇年、フランスに留学し、二十四年に帰国した。以降、政治活動に挺身することになる。革命家周恩来の誕生である。

治水帝萬から角倉了以へ

「雨中嵐山」、「雨後嵐山」の二篇を読み込んだ王敏教授は、周恩来の歩んだ道をたどる。

京福電鉄の嵐山駅から渡月橋へ向かい、橋を渡って、大堰川（保津川）の西岸を北に向かって歩き大悲閣千光寺の参道である石段に達した。

「至尽処突見一局山」（道の尽きるやひときわ高き山見ゆ）である。約二百段ある石段を上ると、そこが千光寺だ。石段を登りながら右下、大堰川を眺めると「流出泉水緑如許、繞石照人」（流れ出る泉は緑に映え、石をめぐりて人を照らす）、山峡、岩を噛みながら流れる水を両岸の樹々が緑に染める。時折、保津川下りの船が揺られながらゆっくり流れてゆく。水に潜った水鳥が思わぬ遠い川面から顔を出す。

千光寺は、大堰川を開削した角倉了以ゆかりの寺だ。角倉了以（一五五四〜一六一四）は、秀吉、徳川初期、朱印状による海外貿易で財を成し、また大堰川開削をはじめ富士川、高瀬川の開削、途中で終わったが天竜川などの開削工事を行なった。

作家の辻邦生は、『嵯峨野明月記』で、本阿弥光悦、俵屋宗達、角倉了以の三人を主人公とし、戦国の世にあって美を追求する物語を紡ぎだした。王敏教授が言及する雅な意匠を施した「嵯峨本」のことも、この本で知った。

周恩来記念詩碑近くに開削の象徴であるつるはしを手にした角倉了以の立像がある。立像は、開削した大堰川を見ている。彼の墓が大悲閣千光寺にあったことは知らなかった（災害後、近くの二尊院に移設）。晩年の彼は、千光寺で大堰川を眺めながら修行し、開削工事で亡くなった人々の魂の安息を祈ったという。いい話だ。

千光寺にはやはり、つるはしを手にした角倉了以の木造の座像が安置されている。王敏教授は、角倉了以を中国の古代夏王朝（伝説とされてきたが、近年、その実在が確認された）の治水帝禹の系列に位置付け、千光寺参道入り口に隠元禅師の弟子高泉性潡の詩「登千光寺」が刻まれた石碑があり、詩の後段に「何人治水功如禹　古碣高携了以翁」（何人の治水、功は禹の如くたらんや　古褐は高らかに携ほる了以翁）と、角倉了以を治水帝禹になぞらえてその功績をたたえていると解説する。

角倉了以（すみのくらりょうい）像

琵琶湖疏水

王敏教授は、一九七一年一月二十九日、周恩来が北京の人民大会堂で日本卓球協会の後藤会長一行と会見した際に、「私は帰国前に京都に一ヵ月ほど逗留（とうりゅう）しました。船に乗り、洞窟を通り抜け琵琶湖に行きました。琵琶湖は大変美しいですね」と語ったことについて、この洞窟とは南禅寺の境内を通る琵琶湖疎水の水路上のトンネルに違いないとして、若き周恩来が南禅寺にも足を運び、完成してそれほど経ていない疎水のトンネルをくぐったことに言及している。

そして、周恩来が疎水→疎通、その延長上に「民間交流」を発想したと書き、治水帝萬→角倉了以→周恩来と位置付ける。やや強引という感もなきにしもあらずだが。冒頭、沖縄辺野古の座り込みの中で考えたように、政治とは治世、治水、すなわち民の暮らしを守ることを要諦とするという考えからすれば、治水帝禹→角倉了以→周恩来という位置付も分からなくはない。アフガニスタンで灌漑(かんがい)事業にまい進し、先ごろ狙撃されて遭難死した故中村哲医師も、この流れの中に位置付けられるべき人であろう。まさに「歴史とは現在と過去との間における尽きることのない対話である」(E・Hカー)。

民間交流から日中共同声明

王敏教授の周恩来「民間交流」論は、一九七二年九月二十五日、日中国交正常化のために北京に飛んだ田中角栄首相が周恩来総理に会って最初に発した言葉が、「私は、長い民間交流のレールの上に乗って、今日ようやくここに来ることができました」であったということを思い出させた。

「民間交流のレールに乗って」、いい言葉だ。国同士はどうであれ、馬鹿な政治家、学者、メディアが偏狭なナショナリズムをあおらない限り、民間は決して争いを望まない。

王敏教授は、周恩来が気配りの人であったとし、その一例として、日中国交正常化交渉の際、中国政府主催の宴で田中首相の郷里新潟県の民謡「佐渡おけさ」を演奏させ、田中角栄をいたく喜ばせたというエピソード紹介している。

確かに、周恩来のこのような心遣いはニクイ。田中首相に同行した大平外相のために彼の郷里の「金毘羅船々」を、同じく二階堂官房長官のために「鹿児島おはら節」を演奏させた。

このような心遣いは、周恩来の人柄であると同時に、一九三六年十二月の西安事件に際し、蒋介石を説得し、抗日統一戦線結成への道筋をつけたこと、さらに、翌年七月七日、盧溝橋事件を契機として日本軍の中国侵略が本格化する中で、同年九月、抗日のための第二次国共合作が成立して以降、延安（中国共産党の根拠地）から武漢、重慶に派遣され、国民党の蒋介石とともに抗日を指導し、他方で、抗日首都重慶の「周公館」を拠点として、「第十八集団軍（八路軍）新四軍重慶駐在代表」という公式な、「中国共産党機関紙「新華日報」主筆（重慶にて発行）」という公然な、そして「中国共産党中央南方局書記」という非公然な、三つの顔をたくみに演じ分けながら、いつ抗日から剿共に転じるやもしれない国民党との暗闘という厳しい局面を乗り切ってきた革命家周恩来の身に着けた才覚でもあろう。

日本海軍航空隊による重慶無差別爆撃を鋭く告発した前田哲男さんの名著『戦略爆撃の思想』（朝日新聞社）は、蒋介石と周恩来との関係についても触れており興味深い。

西安事件に際して、張学良の要請で蒋介石説得のために西安に飛んだ周恩来は、蒋介石に「校長」と呼びかけ、抗日統一戦線結成を説いたという。第一次国共合作下、孫文の肝いりで広州に作られた黄埔軍官学校で蒋介石が校長、周恩来は政治部副主任であった。

一九七二年、中ソ対立が高まる中、ニクソン米大統領を電撃訪中させ、米中国交正常化を企図し（ただし、ウォーターゲート事件でとん挫）、他方、日中国交正常化のために戦争賠償の放棄など大幅に譲歩した大胆な政策も、重慶での抗日国共合作の中で培われたリアリズムであろう。

そんな周恩来も、前記晩餐会での田中首相のあいさつ中にあった「中国国民に多大のご迷惑をおかけしたことについて、私はあらためて深い反省の念を表明するものであります」という、いわゆる「ご迷惑」スピーチについては、翌日の会議の冒頭で、田中首相に対して「中国国民が受けた被害は『ご迷惑』といった程度のものではない」と厳しく批判した。

中国民衆は、「中華人民共和国政府は、中日両国国民の友好のために日本国に対する戦争賠償の請求を放棄することを宣言する」（日中共同声明第五項）に不満であった。一八九四年日清戦争以降の日中関係を考えれば当然である。周恩来は、この不満を「われわれは日本の民衆と戦争をしていたのではない。日本の軍国主義者と戦争をしていたのだ。日本の民衆も軍国主義の被害者だ」として、いわゆる「二分論」を展開し、抑え込んだ。しかし、この「二分論」には無理があった。前記戦争賠償の放棄は日中共同声明前文中の「日本側は、過去において日本国が戦争を通じて中国国民に重大な損害を与えたことについての責任を痛感し、深く反省する」を受けてのものであるが、問題なのは、われわれ日本国民がこのことをどの程度まで自覚していたかである。

九月二十九日、日中共同声明をまとめて北京を発つ田中首相を見送りにきた周恩来が、「私たちと日本の付き合いは二千年ものの歴史と半世紀の対立があります。今日、私たちは時代がらせん状に前進するのを見ました」と述べたというのもいい。

まさに日中共同声明前文にいう「日中両国は、一衣帯水の間にある隣国であり、長い伝統的友好の歴史を有する。両国国民は、両国間にこれまで存在していた不正常な状態に終止符を打つことを切望している。戦争状態の終結と日中国交の正常化という両国国民の願望の実現は両国関係の歴史に新たな一ページを開くことになろう」である。

日中国交正常化から三年余、一九七六年一月八日、周恩来は亡くなった。

周恩来は、日本の敗戦後、国共内戦を経て一九四九年十月一日の中華人民共和国成立以降、毛沢東の片腕として国務を担うかたわら、米ソの冷戦が進行する中、インドのネール首相などと共同し、アジア、アフリカの非同盟諸国を糾合し、五五年、インドネシア、ジャワのバンドンでアジアーアフリカ会議を開き、領土・

主権の相互尊重、相互内政不干渉、平等互恵、平和共存の平和五原則を提唱した。

この平和五原則は、一九七二年の日中共同声明の第六項「日本国政府及び中華人民共和国は、主権及び領土保全の相互尊重、相互不可侵、内政に対する相互不干渉、平等及び互恵並びに平和共存の諸原則の基礎の上に両国間に恒久的な平和友好関係を確立することに合意する。両政府は右の諸原則及び国際連合憲章の原則に基づき、日本及び中国が相互の関係において、すべての紛争を平和的手段によって解決し、武力、または武力の威嚇に訴えないことを確認する」として引き継がれた。

文革と周恩来

そんな立派な周恩来だが、不可解なところもある。彼はなぜ、毛沢東の暴走、とりわけ一九六六年ごろから始まり、七〇年代半ばまで続き、中国社会をガタガタにした「文化大革命」を止められなかったのか。

七二年九月二十九日、田中首相らは、北京から直接帰国したのではなかった。周恩来が同行した上で上海に寄り、実力者の張春橋・上海市革命委員会主任に会い、上海市革命委員会主催の歓迎会に出席し、翌三十日に帰国している。この年の二月二十一日、ニクソン米国大統領の訪中があった（前年七月、明年五月までに訪中するという電撃的な発表がなされ、世界を震憾させていた）。ニクソン大統領らも、北京から直接ワシントンでなく、上海に立ち寄り、二月二十七日、米中共同声明（上海コミュニケ）を発表し、帰国している。これは偶然ではない。当時は文革の最中。周恩来は、上海グループとも称された前記の張春橋党政治局常務委員兼副首相、江青毛沢東夫人、王洪文党副主席、姚文元政治局委員ら、「四人組」の牙城である上海にニクソン大統領や田中角栄首相を立ち寄らせ、「四人組」の顔を立て、中・米、中・日の国交正常化について彼らの同意を取っておく必要があったのである。四人組の失脚は七六年九月九日の毛沢東の死まで待たねばならなかった。

言必信　行必果

周恩来は数々の名言を残している。有名なのは「前事不忘、後事之師」（前のこと忘れず、後のことの師となす）であるが、私は「言必信　行必果」（約束したことは守らなければならない。行なったことは結果を出さなければならない）が好きだ。この点に関連して思うことがある。それは日中共同声明第七項「日中両国間の国交正常化は第三国に対するものではない。両国のいずれもアジア太平洋地域で覇権を求めるべきでなく、このような覇権を確立しようとする他のいかなる国、あるいは国の集団による試みにも反対する」という反覇権条項である。

この反覇権条項は、中ソ対立の中でソ連を意識した中国側が求めたものであった。米中共同声明（上海コミュニケ）でも、中国側は「すべての国は、大小を問わず平等であるべきであり、大国は小国を愚弄すべきではなく、強国は弱国を愚弄すべきではない。中国は決して超大国にはならず、またいかなる覇権主義及び強権政治にも反対する」と述べている。

日中共同声明から六年後、七八年の日中平和友好条約の締結時も、この反覇権条項が問題となった。鄧小平と園田外相がやり合った。ソ連を刺激したくない日本側は、この反覇権条項を入れることに慎重だった。そんな日本に対して鄧小平は、創価学会の池田大作を通じて、この反覇権条項は将来、中国が覇権国家とならないようにするためにも必要なのだ、と日本側を説得したという。すでに七四年四月十日、鄧小平は国連総会において以下のように演説している。

「中国政府は。今回の総会が、発展途上国の団結を強め、民衆の経済的権益を守るうえで、また帝国主義。とりわけ覇権主義に反対する各国人民の闘争を促進するうえで、積極的に寄与するよう期待している。（略）もし中国が変色し、超大国になり、世界で覇を唱え、いたるところで他国をあなどり、侵略し、搾取するようなことになれば、世界人民は、中国に社会帝国主義のレッテルをはるべきであり、それを暴露し、それに反対すべきであり、また中国人民とともにこれを打倒すべきである」それから約半世紀、今や中国は、人権弁護士らの拘束など、人権弾圧国家となっており、かつての友党・日本共産党からも覇権国家と批判されている。習近平主席は周恩来の名言「言必信」、そして鄧小平が国連総会で切ったタンカ（演説）を思い起こすべきである。

二〇二〇年四月五日（七十五歳の誕生日）に、百一年前の若き周恩来に思いをはせながら。

花岡事件和解から二十年
――法的責任の有無論争を止揚し歴史的責任へ

（「月刊社会民主」二〇二〇年十二月号）

歴史問題の解決は判決でなく和解によるべき

戦時強制労働による損害賠償請求のような歴史問題は、判決とその執行という法的な手続きでは真の解決とならない。歴史問題は和解による解決こそが望ましい。和解による解決では、

①加害者が加害の事実と責任を認め、被害者に謝罪する。

②謝罪の証しとして和解金を支払う。

③同じ過ちを繰り返さないように後世に対する歴史教育を行なう（周恩来「前事不忘　後事之師」）。

以上の三点が不可欠である。

和解交渉に際し、③は比較的、合意に達しやすい。記念碑の建立や、そこでの継続的な追悼事業などが考えられる。

問題となるのは①、②である。和解金の性質とその額、責任の持つ意味などについての合意形成に難航することがある。今、和解金額の性質、多寡についての議論はおき、「責任」について考えてみたい。

花岡事件について鹿島建設の謝罪

戦時強制労働問題で、企業として責任を認めて被害者に謝罪したのは、花岡事件について、加害企業・鹿島建設と中国人被害者・遺族が発した一九九〇年七月五日の共同発表が初めてであった。同発表は言う。

一．中国人が花岡鉱山出張所の現場で受難したのは、閣議決定に基づく強制連行・強制労働に起因する歴史的事実であり、鹿島建設株式会社はこれを事実として認め、企業としても責任があると認識し、当該中国人生存者及びその遺族に対して深甚な謝罪の意を表明する。

二．中国人生存者・遺族は、上記事実に基づいて昨年十二月二十二日付けで公開書簡を鹿島建設株式会社に送った。鹿島建設株式会社は、このことについて、双方が話し合いによって解決に努めなければならない問題であることを認める。

三．双方は、以上のこと及び「過去のことを忘れず、将来の戒めとする」（周恩来）との精神に基づいて、今後、生存者・遺族の代理人等との間で協議を続け、問題の早期解決をめざす。

裁判上での和解

しかし、その後、中国人被害者・遺族の代表と鹿島建設との交渉は進展せず、九五年六月二十八日、被害者・遺族らは裁判所に提訴せざるを得なかった。

交渉が進展しなかったのは、和解金の性質（賠償的意味を持つか否か）とその額、責任の性質について、双方の合意が得られなかったからである。

一審の東京地裁は、民法上の除斥期間、時効を理由として、中国人被害者・遺族らからの請求をあっさりと棄却したが、東京高裁において、二〇〇〇年十一月二十九日、和解が成立した。この和解は一年余にわたる和解交渉という異例な長さからも推測されるように、難航に難航した結果、ようやくにして成立した。和解条項一項は、以下のように述べる。

当事者双方は、平成二年（一九九〇年）七月五日の「共同発表」を再確認する。ただし、被控訴人（鹿島）は右「共同発表」は被控訴人の法的責任を認める趣旨のものではない旨主張し、控訴人らはこれを了解した。

前述した歴史問題解決のための三原則からすれば、和解条項第一項において鹿島建設が加害の事実とその責任を認め、謝罪することが明確に記されるべきであった。

当時、中国人強制労働がなされたのは、日本全国で土建、鉱山、造船業等三十四社百三十五事業所に上る。しかし、ただの一社も加害の事実と責任を認めていなかった。鹿島建設にしてみれば、そのような中で突出して加害責任を認めるのにちゅうちょがあった。裁判所も時間をかけて説得したが、なかなか難しかった。最終的な和解条項の文言では、すでに鹿島建設が加害の事実と責任を認めていた一九九〇年の「共同発表」を再確認するという体裁で、鹿島建設の責任が確認された。このあたりの事情は、和解成立の際、裁判所の「所感」として

控訴審である当裁判所はこのような主張の対立の下で事実関係及び被控訴人（鹿島建設：筆者注）の法的責任の有無を解明するため、審理を重ねてきたが、控訴人らの被った労苦が計り知れないものであることに思いを致し、被控訴人もこの点をあえて否定するものではないであろうと考えられることからして、一方で和解による解決の途を探ってきた。そして、裁判所は当事者間の自主的折衝の貴重な成果である「共同発表」に着目し、これを手がかりとして全体的解決を目指した和解を勧告するのが相当であると考え、平成十一年（一九九九年）九月十日、職権を以て和解の勧告をした。

と述べているとおりである。

この和解勧告に対して、中国人被害者・遺族らは、協議の上、応じることとしたが、鹿島建設は、はかばかしい反応を示さなかった。その後、中国人被害者・遺族らの尽力によって、中国紅十字会が和解基金の受け皿となることなど、和解成立に向けての環境整備がなされた結果、鹿島建設は、ようやく和解に応じることとなった。しかしその後、和解の具体的な具体的中身の交渉に入って以降も、双方の主張の隔たりが大き

く、なかなか進展しなかった。そこで、二〇〇〇年四月二十一日、裁判所から

一　当事者双方は一九九〇年七月五日の「共同発表」を再確認する。

二　被控訴人鹿島建設は、右「共同発表」第二項の問題を解決するため、利害関係人中国紅十字会に対し、金五億円を信託し、控訴人らはこれを了承する。

を骨子とする和解勧告書が提示され、さらに約七ヵ月の期間を経て、同年十一月二十九日、ようやく和解が成立した。この間、水面下で故・土井たか子元衆院議長、故・後藤田正晴副総理らの働きがあったが、そのことについて触れるのは本稿の目的外である。

「過去の克服」のモデルケースとなることが期待されたが

この和解については

「戦後処理の大きな一里塚」（二〇〇〇年十一月三十日、朝日新聞社説）、

「歴史はきちんと伝えたい」（同日、毎日新聞社説）、

「かくて宿題が残った／戦後補償問題で冷厳な法律論にはね返されてきた被害者に、遅まきながら光が当たることになった。政府は『国の責任』という残された問題の解決を急ぐべきだ」（同日、東京新聞社説）、

「全面決着に沸く原告　亡き夫や仲間喜んでいる」（同日、読売新聞・社会面記事見出し）

「基金信託で救済に公平性／被害者全員を一括救済した今回の和解は、戦後補償訴訟の中でも事件を全面解決した点て、前例のない画期的なものだ」（同「解説」）。

「戦後補償の解決策提示／高齢化が進む原告側にとって、長引く裁判の負担も重くのしかかる。国会は立法による被害者救済を早急にはかる必要がある」（十一月二十九日、日本経済新聞「解説」）、

と、新聞各紙も和解を積極的に評価した。

このように花岡和解は、「過去の克服のモデルケース」となることが期待されたにもかかわらず、和解直後に鹿島建設がホームページで「責任を認めたわけではない」と宣言したため（後に削除）、中国側受難者・遺族の一部が反発し、和解の是非についての論争が起こり、苦難の途を歩むことになった。

法的責任を認めたわけではない

前述したように、花岡和解交渉で裁判所が提示した和解勧告書第一項は、当事者双方による一九九〇年の「共同発表」の再確認であった。ところが現実に成立した和解の第一項には

ただし、被控訴人（鹿島建設）は右「共同発表」は被控訴人の法的責任を認める趣旨ではない旨主張し、控訴人らはこれを了解した。

と、ただし書きが入った。鹿島建設（の代理人）がこれを入れることを頑強に要求し、激しい攻防がなされた結果である。

鹿島建設としては、社内、そして同種事案を抱える他企業との関係からして、法的責任は絶対に認められなかったのであろう。

和解後、この点が問題となった。

「控訴人らはこれを了解した」というのは、鹿島建設がそのように「主張」したのを「了解」したのであって、その主張を「承認」、「了承」ではないとする両論併記のギリギリの選択であったが、理解を得るには難しい面もあった。

法的責任は否定するも「付言」を附した最高裁判決

〇七年四月二十七日、西松建設中国人強制労働事件最高裁第二小法廷判決は、「前記事実関係にかんがみ

て本件被害者らの被った精神的・肉体的な苦痛は極めて大きなものであったと認められる」と述べながらも、一九七二年九月二十九日の「日中共同声明」第五項に「中華人民共和国政府は、中日両国国民の友好のために、日本国に対する戦争賠償の請求を放棄することを宣言する」とあることから、「日中戦争の遂行中に生じた中華人民共和国、国民の日本国又はその国民若しくは法人に対する請求権は、日中共同声明五項によって、裁判上訴求する機能を失ったというべきであり、そのような請求権に基づく裁判上の請求に対し、同項に基づく請求権放棄の抗弁が主張されたときは、当該請求は棄却を免れない」と述べ、この問題に関する加害企業の「法的責任」については否定した。この判決の確定により、日本の裁判所では判決による救済は困難となった。しかし同判決は、裁判上の請求は認められないが、権利そのものが消滅したとまで述べたわけでなく、

なお…個別具体的な請求権について債務者（西松建設）側において、任意の自発的対応をすることは妨げられないところ、本件被害者らの蒙った精神的・肉体的苦痛が極めて大きかった一方、上告人（西松建設）は前述したような勤務条件で中国人労働者らを強制労働に従事させて相応の利益を受け、更に前記の補償金を受領しているなどの諸般の事情にかんがみると、上告人を含む関係者において、本件被害者らの被害の救済に向けた努力をすることが期待されるところである。

と述べた。最高裁もさすがに、被害者らの被った被害の甚大さを無視できなかったのである。花岡和解の先例があることも考慮の中にあったであろう。

「上告人を含む関係者」と述べていることに留意すべきである。「関係者」とは、閣議決定を経て、つまり国策として中国人強制連行・強制労働をさせた国であることは明らかだ。

西松建設広島安野和解

「付言」は、判決と異なり、それ自体に力があるわけではない。それだけでは単なるリップサービスに終わる。「付言」に活力を与えたのは、広島現地を中心とする粘り強い闘いであった。

〇九年十月二十三日、前記最高裁判決付言に基づき、西松建設広島安野和解が成立した。

同和解は、加害企業・西松建設が申立人となって、中国人被害者・遺族を相手方として裁判所に即決和解（当事者間で話をまとめ、裁判所で和解調書を作成してもらうこと）の申し立てをするという体裁でなされた。和解は第一条で、前記最高裁の判決が西松建設の「法的責任を否定しつつも」、被害の重大性に鑑み、当事者間の自発的解決が望まれるとしているとしているので、西松建設は本件について解決すると記し、この和解が付言に基づく解決であることを明言している。そして第二条において、

中立人（西松建設）の安野発電所事業所での労働のため強制連行された中国人三百六十名が受難したのは、「華人労務者内地移入に関する件」の閣議決定に基づく歴史的事実であり、中立人は、これを事実として認め、企業としてもその歴史的責任を認識し、当該中国人生存者およびその遺族に対して深甚なる謝罪の意を表明する

と記した。

第一条については、中国人被害者・遺族代理人である筆者と西松建設代理人弁護士との間で、同日付で「本和解に関する確認事項」書を作成。第一条の「法的責任を否定しつつも…」の意味について

中立人　最高裁判決が中立人の法的責任を否定しているのは客観的事実であり、当社の見解でもある。

相手方　最高裁判決が中立人の法的責任を否定しているのは客観的事実であるが、相手方としてこの見解を受け入れているわけではない。

と、両論併記した。

西松建設とすれば、前記最高裁判決で、同社の法的責任が否定されているのだから、和解において「法的責任」を認めるわけにはいかない。他方、中国人受難者・遺族からすれば、法的責任を否定した最高裁判決を認めるわけにはいかなかった。

第二条の「歴史的責任」の意味についても、「字義どおり」と確認した。確認書では他にも重要な事項の確認を交わしているが、本稿の目的以外のものなので割愛する。

このような確認書の作成は、花岡和解に際して、法的責任に関するする両論併記が必ずしも明確でなく、後日疑義も出た点などを考慮してなされたものである。

花岡和解の教訓に基づき、和解条項文言の工夫と確認書での配慮にもかかわらず、西松建設広島安野和解成立当初、花岡和解の際と同様、西松建設は法的責任を認めていないとする批判がなされた。和解成立後直後の同年十一月、和解支持派と反対派（西松建設でなく、他社事業所への訴訟の関係者・支援者ら）が北京に集まり、西松和解の是非についての大討論会が開催された。筆者は北京に飛び、和解反対派と一日かけて激しい論争をした。和解反対派の一部からは、西松和解について「花岡（和解）以下」とののしる声もあった。

筆者は、そんな彼らに対してひるむことなく、花岡和解の不十分性を教訓とした和解であることを懇切丁寧に説明した。中国側での理解者も少なくなく、心強かった。

その後、西松建設広島安野の地道な和解事業（被害者への和解金支給、受難者・遺族と西松建設との共同による「中国人受難の碑」の建立、西松建設の歴史的責任を銘記した碑文、受難者・遺族をお招きしての追悼事業の継続）の遂行と和解事業への西松建設として真摯（しんし）な関わりが中国人受難者・遺族等関係者らに理解され、その結果、「法的責任」を認めていないという批判は消え、「歴史的責任」が定着した。

三菱マテリアル和解

「過ちで改めざる、是を過ちという」

二〇一六年六月一日、北京で締結された三菱マテリアル社中国人強制連行・強制労働事件和解において、同社の業務執行役員・木村光氏が、同社を代表して、中国人受難者・遺族らを代表した閻玉成さん（八十六歳）、張義徳さん（八十八歳）、闞顺さん（九十五歳、娘が代理出席）ら、生存被害者に対して述べた「謝罪文」の中の一節である。

生存被害者らは、「（同社の）謝罪を誠意あるものとして受け入れ」（和解書第一条）、「私たちは、中国人労働者の強制連行を主導した日本政府、ならびにその他の多くの加害企業が依然として歴史事実を無視し、謝罪を拒む状況下で、三菱マテリアル社が歴史事実を認め、公開謝罪する姿勢を積極的に評価する」と述べた。

調印後に行なわれた記者会見で閻玉成さんは、「和解を喜んでいる。目を将来に向けて、（日本側と）互いに平和的に共存したい」と述べた。

三菱マテリアル社の「謝罪文」は、以下のように述べている。

第二次世界大戦中、日本国政府の閣議決定「華人労務者内地移入に関する件」に基づき、約三万九千人の中国人労働者が日本に強制連行された。弊社の前身である三菱鉱業株式会社及びその下請け会社（三菱鉱業株式会社子会社の下請け会社を含む）は、その一部である三千七百六十五名の中国人労働者をその事業所に受け入れ、劣悪な条件下で労働を強いた。

また、この間、七百二十二人という多くの中国人労働者が亡くなられた。本件については、今日に至るまで終局的な解決がなされていない。

「過ちて改めざる、是を過ちという」。弊社は、このように中国人労働者の皆様の人権が侵害された歴史的事実を率直かつ誠実に認め、痛切なる反省の意を表する。

また、中国人労働者の皆様が祖国や家族と遠く離れた異国の地において重大なる苦痛及び損害を被ったことにつき、敝大社は当時の使用者として歴史的責任を認め、中国人労働者及びその遺族の皆様に対し深甚なる謝罪の意を表する。

併せて、お亡くなりになった中国人労働者の皆様に対し、深甚なる哀悼の意を表する。

「過去のことを忘れずに、将来の戒めとする」。弊社は、上記の歴史的事実及び歴史的責任を認め、且つ今後の日中両国の友好的発展への貢献の観点から、本件の終局的・包括的解決のため設立される中国人労働者及びその遺族のための基金に金員を拠出する。

〔和解合意書第一条（謝罪）〕。

解契約締結後、三菱マテリアル社が報道各社に発したプレスリリースは、本件和解の概要を説明した上で、以下のように述べている。

当社は、本日の和解に関する調印式で、歴史的責任に対し真摯かつ誠実な謝罪の意を表明し、三名の元労働者の方々に、これを受け入れて頂きました。（中略）

本件につきましては、過去、当社関係で五つの日本国内訴訟が提起されました。何れの訴訟も元労働者側の請求を棄却するとの決定が下され、確定しております。しかしながら、判決においては、旧三菱鉱業の事業所において、元労働者の方々が本人の意に反して苦労を強いられたということが事実として認定され、また、「本問題を解決するよう努力するべき」との付言がありました。

当社は、これらを真摯に受け止め、協議を続けた結果、合意に至りました。なお、元労働者やそのご遺族の方々を支援する団体からも、本和解への賛同と、和解事業に協力する意思を表明していただいております。当社は、和解事業によって、元労働者及びそのご遺族の方々との包括的かつ終局的な解決を図ってまいりたいと考えております。

和解に対する三菱マテリアル社の真摯な姿勢が垣間見られる。和解も西松建設と同じく付言による解決であり、法的責任でなく歴史的責任を認めたものであるが、同社の前記謝罪文の真摯さ、そして花岡、西松建設和解の内容をはるかに超えた和解内容が、花岡和解当時深刻に論じられた責任の性質をめぐる論争に終止符を打ったともいえよう。

要は言葉でなく、謝罪と責任を示す実践である。和解は、和解の成立によって完了するものではない。被害者に対する追悼と歴史教育を中心とした和解事業の遂行によって、その内容を深める。支援者の運動や社会全体が和解の内実をつくっていく努力こそが大事である。これこそ民間の日中友好運動である。この運動が法的責任の有無論争を弁証法的に止揚し、「歴史的責任」に到達したのである。

このあたり、混迷する慰安婦問題などを解決するに際し、参考になるのではないだろうか。

三菱マテリアルの和解事業は新型コロナウイルス禍により当初の予定より遅れてはいるが、二〇二三年三月現在、三七六五人の受難者の三分の一強の一三三〇人に対し、合計で約二十五億円の和解金が支給され、この五月からはいよいよ、遺族をお招きしての追悼式が始まる予定である。

日本国政府と中華人民共和国政府の共同声明

日本国内閣総理大臣田中角栄は、中華人民共和国国務院総理周恩来の招きにより、1972 年 9 月 25 日から 9 月 30 日まで、中華人民共和国を訪問した。田中総理大臣には大平正芳外務大臣、二階堂進内閣官房長官その他の政府職員が随行した。

毛沢東主席は、9 月 27 日に田中角栄総理大臣と会見した。双方は、真剣かつ友好的な話合いを行った。

田中総理大臣及び大平外務大臣と周恩来総理及び姫鵬飛外交部長は、日中両国間の国交正常化問題をはじめとする両国間の諸問題及び双方が関心を有するその他の諸問題について、終始、友好的な雰囲気のなかで真剣かつ率直に意見を交換し、次の両政府の共同声明を発出することに合意した。

日中両国は、一衣帯水の間にある隣国であり、長い伝統的友好の歴史を有する。両国国民は、両国間にこれまで存在していた不正常な状態に終止符を打つことを切望している。戦争状態の終結と日中国交の正常化という両国国民の願望の実現は、両国関係の歴史に新たな一頁を開くこととなろう。

日本側は、過去において日本国が戦争を通じて中国国民に重大な損害を与えたことについての責任を痛感し、深く反省する。また、日本側は、中華人民共和国政府が提起した「復交三原則」を十分理解する立場に立って国交正常化の実現をはかるという見解を再確認する。中国側は、これを歓迎するものである。

日中両国間には社会制度の相違があるにもかかわらず、両国は、平和友好関係を樹立すべきであり、また、樹立することが可能である。両国間の国交を正常化し、相互に善隣友好関係を発展させることは、両国国民の利益に合致するところであり、また、アジアにおける緊張緩和と世界の平和に貢献するものである。

一 日本国と中華人民共和国との間のこれまでの不正常な状態は、この共同声明が発出される日に終了する。

二 日本国政府は、中華人民共和国政府が中国の唯一の合法政府であることを承認する。

三 中華人民共和国政府は、台湾が中華人民共和国の領土の不可分の一部であることを重ねて表明する。日本国政府は、この中華人民共和国政府の立場を十分理解し、尊重し、ポツダム宣言第八項に基づく立場を堅持する。

四 日本国政府及び中華人民共和国政府は、1972 年 9 月 29 日から外交関係を樹立することを決定した。両政府は、国際法及び国際慣行に従い、それぞれの首都における他方の大使館の設置及びその任務遂行のために必要なすべての措置をとり、また、できるだけすみやかに大使を交換することを決定した。

五 中華人民共和国政府は、中日両国国民の友好のために、日本国に対する戦争賠償の請求を放棄することを宣言する。

六 日本国政府及び中華人民共和国政府は、主権及び領土保全の相互尊重、相互不可侵、内政に対する相互不干渉、平等及び互恵並びに平和共存の諸原則の基礎の上に両国間の恒久的な平和友好関係を確立することに合意する。両政府は、右の諸原則及び国際連合憲章の原則に基づき、日本国及び中国が、相互の関係において、すべての紛争を平和的手段により解決し、武力又は武力による威嚇に訴えないことを確認する。

七 日中両国間の国交正常化は、第三国に対するものではない。両国のいずれも、アジア・太平洋地域において覇権を求めるべきではなく、このような覇権を確立しようとする他のいかなる国あるいは国の集団による試みにも反対する。

八 日本国政府及び中華人民共和国政府は、両国間の平和友好関係を強固にし、発展させるため、平和友好条約の締結を目的として、交渉を行うことに合意した。

九 日本国政府及び中華人民共和国政府は、両国間の関係を一層発展させ、人的往来を拡大するため、必要に応じ、また、既存の民間取決めをも考慮しつつ、貿易、海運、航空、漁業等の事項に関する協定の締結を目的として、交渉を行うことに合意した。

1972年9月29日に北京で

日本国内閣総理大臣　田中角栄（署名）
日本国外務大臣　大平正芳（署名）
中華人民共和国国務院総理　周恩来（署名）
中華人民共和国　外交部長　姫鵬飛（署名）

日本国と中華人民共和国との間の平和友好条約

日本国及び中華人民共和国は、1972 年 9 月 29 日に北京で日本国政府及び中華人民共和国政府が共同声明を発出して以来、両国政府及び両国民の間の友好関係が新しい基礎の上に大きな発展を遂げていることを満足の意をもつて回顧し、前記の共同声明が両国間の平和友好関係の基礎となるものであること及び前記の共同声明に示された諸原則が厳格に遵守されるべきことを確認し、国際連合憲章の原則が十分に尊重されるべきことを確認し、アジア及び世界の平和及び安定に寄与することを希望し、両国間の平和友好関係を強固にし、発展させるため、平和友好条約を締結することに決定し、このため、次のとおりそれぞれ全権委員を任命した。

日本国　　　　　　外務大臣　園田　直
中華人民共和国　外交部長　黄　　華

これらの全権委員は、互いにその全権委任状を示し、それが良好妥当であると認められた後、次のとおり協定した。

第一条

1 両締約国は、主権及び領土保全の相互尊重、相互不可侵、内政に対する相互不干渉、平等及び互恵並びに平和共存の諸原則の基礎の上に、両国間の恒久的な平和友好関係を発展させるものとする。

2 両締約国は、前記の諸原則及び国際連合憲章の原則に基づき、相互の関係において、すべての紛争を平和的手段により解決し及び武力又は武力による威嚇に訴えないことを確認する。

第二条

両締約国は、そのいずれも、アジア・太平洋地域においても又は他のいずれの地域においても覇権を求めるべきではなく、また、このような覇権を確立しようとする他のいかなる国又は国の集団による試みにも反対することを表明する。

第三条

両締約国は、善隣友好の精神に基づき、かつ、平等及び互恵並びに内政に対する相互不干渉の原則に従い、両国間の経済関係及び文化関係の一層の発展並びに両国民の交流の促進のために努力する。

第四条

この条約は、第三国との関係に関する各締約国の立場に影響を及ぼすものではない。

第五条

1 この条約は、批准されるものとし、東京で行われる批准書の交換の日に効力を生ずる。この条約は、十年間効力を有するものとし、その後は、2 の規定に定めるところによって終了するまで効力を存続する。

2 により、最初の十年の期間の満了の際またはその後いつでもこの条約を終了させることができる。

以上の証拠として、各全権委員は、この条約に署名調印した。

1978 年 8 月 12 日に北京で、ひとしく正文である日本語及び中国語により本書二通を作成した。

日本国のために　　　　　　園田　直（署名）
中華人民共和国のために　黄　　華（署名）

平和と発展のための友好協力パートナーシップの構築に関する日中共同宣言

日本国政府の招待に応じ、江沢民中華人民共和国主席は、1998年11月25日から30日まで国賓として日本国を公式訪問した。この歴史的意義を有する中国国家主席の初めての日本訪問に際し、江沢民主席は、天皇陛下と会見するとともに、小渕恵三内閣総理大臣と国際情勢、地域問題及び日中関係全般について突っ込んだ意見交換を行い、広範な共通認識に達し、この訪問の成功を踏まえ、次のとおり共同で宣言した。

一

双方は、冷戦終了後、世界が新たな国際秩序形成に向けて大きな変化を遂げつつある中で、経済の一層のグローバル化に伴い、相互依存関係は深化し、また安全保障に関する対話と協力も絶えず進展しているとの認識で一致した。平和と発展は依然として人類社会が直面する主要な課題である。公正で合理的な国際政治・経済の新たな秩序を構築し、21世紀における一層揺るぎのない平和な国際環境を追求することは、国際社会共通の願いである。

双方は、主権及び領土保全の相互尊重、相互不可侵、内政に対する相互不干渉、平等及び互恵、平和共存の諸原則並びに国際連合憲章の原則が、国家間の関係を処理する基本準則であることを確認した。

双方は、国際連合が世界の平和を守り、世界の経済及び社会の発展を促していく上で払っている努力を積極的に評価し、国際連合が国際新秩序を構築し維持する上で重要な役割を果たすべきであると考える。双方は、国際連合が、その活動及び政策決定プロセスにおいて全加盟国の共通の願望と全体の意思をよりよく体現するために、安全保障理事会を含めた改革を行うことに賛成する。

双方は、核兵器の究極的廃絶を主張し、いかなる形の核兵器の拡散にも反対する。また、アジア地域及び世界の平和と安定に資するよう、関係国に一切の核実験と核軍備競争の停止を強く呼びかける。

双方は、日中両国がアジア地域及び世界に影響力を有する国家として、平和を守り、発展を促していく上で重要な責任を負っていると考える。双方は、日中両国が国際政治・経済、地球規模の問題等の分野における協調と協力を強化し、世界の平和と発展ひいては人類の進歩という事業のために積極的な貢献を行っていく。

二

双方は、冷戦後、アジア地域の情勢は引き続き安定の方向に向かっており、域内の協力も一層深まっていると考える。そして、双方は、この地域が国際政治・経済及び安全保障に対して及ぼす影響力は更に拡大し、来世紀においても引き続き重要な役割を果たすであろうと確信する。

双方は、この地域の平和を維持し、発展を促進することが、両国の揺るぎない基本方針であること、また、アジア地域における覇権はこれを求めることなく、武力又は武力による威嚇に訴えず、すべての紛争は平和的手段により解決すべきであることを改めて表明した。

双方は、現在の東アジア金融危機及びそれがアジア経済にもたらした困難に対して大きな関心を表明した。同時に、双方は、この地域の経済の基礎は強固なものであると認識しており、経験を踏まえた合理的な調整と改革の推進並びに域内及び国際的な協調と協力の強化を通じて、アジア経済は必ずや困難を克服し、引き続き発展できるものと確信する。双方は、積極的な姿勢で直面する各種の挑戦に立ち向かい、この地域の経済発展を促すためそれぞれできる限りの努力を行うことで一致した。

双方は、アジア太平洋地域の主要国間の安定的な関係は、この地域の平和と安定に極めて重要であると考える。双方は、ASEAN 地域フォーラム等のこの地域におけるあらゆる多国間の活動に積極的に参画し、かつ協調と協力を進め、理解の増進と信頼の強化に努めるすべての措置を支持することで意見の一致をみた。

三

双方は、日中国交正常化以来の両国関係を回顧し、政治、経済、文化、人の往来等の各分野で目を見張るほどの発展を遂げたことに満足の意を表明した。また、双方は、目下の情勢において、両国間の協力の重要性は一層増していること、及び両国間の友好協力を更に強固にし発展させることは、両国国民の根本的な利益に合致するのみならず、アジア太平洋地域ひいては世界の平和と発展にとって積極的に貢献するものであることにつき認識の一致をみた。双方は、日中関係が両国のいずれにとっても最も重要な二国間関係の一つであることを確認するとともに、平和と発展のための両国の役割と責任を深く認識し、21 世紀に向け、平和と発展のための友好協力パートナーシップの確立を宣言した。

双方は、1972 年 9 月 29 日に発表された日中共同声明及び 1978 年 8 月 12 日に署名された日中平和友好条約の諸原則を遵守することを改めて表明し、上記の文書は今後とも両国関係の最も重要な基礎であることを確認した。

双方は、日中両国は二千年余りにわたる友好交流の歴史と共通の文化的背景を有しており、このような友好の伝統を受け継ぎ、更なる互恵協力を発展させることが両国国民の共通の願いであるとの認識で一致した。

双方は、過去を直視し歴史を正しく認識することが、日中関係を発展させる重要な基礎であると考える。日本側は、1972 年の日中共同声明及び 1995 年 8 月 15 日の内閣総理大臣談話を遵守し、過去の一時期の中国への侵略によって中国国民に多大な災難と損害を与えた責任を痛感し、これに対し深い反省を表明した。中国側は、日本側が歴史の教訓に学び、平和発展の道を堅持することを希望する。双方は、この基礎の上に長きにわたる友好関係を発展させる。

双方は、両国間の人的往来を強化することが、相互理解の増進及び相互信頼の強化に極めて重要であるとの認識で一致した。

双方は、毎年いずれか一方の国の指導者が相手国を訪問すること、東京と北京に両政府間のホットラインを設置すること、また、両国の各層、特に両国の未来の発展という重責を担う青少年の間における交流を、更に強化していくことを確認した。

双方は、平等互恵の基礎の上に立って、長期安定的な経済貿易協力関係を打ち立て、ハイテク、情報、環境保護、農業、インフラ等の分野での協力を更に拡大することで意見の一致をみた。日本側は、安定し開放され発展する中国はアジア太平洋地域及び世界の平和と発展に対し重要な意義を有しており、引き続き中国の経済開発に対し協力と支援を行っていくとの方針を改めて表明した。中国側は、日本がこれまで中国に対して行ってきた経済協力に感謝の意を表明した。日本側は、中国が WTO への早期加盟実現に向けて払っている努力を引き続き支持していくことを重ねて表明した。

双方は、両国の安全保障対話が相互理解の増進に有益な役割を果たしていることを積極的に評価し、この対話メカニズムを更に強化することにつき意見の一致をみた。

日本側は、日本が日中共同声明の中で表明した台湾問題に関する立場を引き続き遵守し、改めて中国は一つであるとの認識を表明する。日本は、引き続き台湾と民間及び地域的な往来を維持する。

双方は、日中共同声明及び日中平和友好条約の諸原則に基づき、また、小異を残し大同に就くとの精神に則り、共通の利益を最大限に拡大し、相違点を縮小するとともに、友好的な協議を通じて、両国間に存在する、そして今後出現するかもしれない問題、意見の相違、争いを適切に処理し、もって両国の友好関係の発展が妨げられ、阻害されることを回避していくことで意見の一致をみた。

双方は、両国が平和と発展のための友好協力パートナーシップを確立することにより、両国関係は新たな発展の段階に入ると考える。そのためには、両政府のみならず、両国国民の広範な参加とたゆまぬ努力が必要である。双方は、両国国民が、共に手を携えて、この宣言に示された精神を余すところなく発揮していけば、両国国民の世々代々にわたる友好に資するのみならず、アジア太平洋地域及び世界の平和と発展に対しても必ずや重要な貢献を行うであろうと固く信じる。

「戦略的互恵関係」の包括的推進に関する日中共同声明

胡錦濤中華人民共和国主席は、日本国政府の招待に応じ、2008年5月6日から10日まで国賓として日本国を公式訪問した。胡錦濤主席は、日本国滞在中、天皇陛下と会見した。また、福田康夫内閣総理大臣と会談を行い、「戦略的互恵関係」の包括的推進に関し、多くの共通認識に達し、以下のとおり共同声明を発出した。

双方は、日中関係が両国のいずれにとっても最も重要な二国間関係の一つであり、今や日中両国が、アジア太平洋地域及び世界の平和、安定、発展に対し大きな影響力を有し、厳粛な責任を負っているとの認識で一致した。

また、双方は、長期にわたる平和及び友好のための協力が日中両国にとって唯一の選択であるとの認識で一致した。双方は、「戦略的互恵関係」を包括的に推進し、また、日中両国の平和共存、世代友好、互恵協力、共同発展という崇高な目標を実現していくことを決意した。

双方は、1972年9月29日に発表された日中共同声明、1978年8月12日に署名された日中平和友好条約及び1998年11月26日に発表された日中共同宣言が、日中関係を安定的に発展させ、未来を切り開く政治的基礎であることを改めて表明し、三つの文書の諸原則を引き続き遵守することを確認した。また、双方は、2006年10月8日及び2007年4月11日の日中共同プレス発表にある共通認識を引き続き堅持し、全面的に実施することを確認した。

双方は、歴史を直視し、未来に向かい、日中「戦略的互恵関係」の新たな局面を絶えず切り開くことを決意し、将来にわたり、絶えず相互理解を深め、相互信頼を築き、互恵協力を拡大しつつ、日中関係を世界の潮流に沿って方向付け、アジア太平洋及び世界の良き未来を共に創り上げていくことを宣言した。

双方は、互いに協力のパートナーであり、互いに脅威とならないことを確認した。

双方は、互いの平和的な発展を支持することを改めて表明し、平和的な発展を堅持する日本と中国が、アジアや世界に大きなチャンスと利益をもたらすとの確信を共有した。

(1) 日本側は、中国の改革開放以来の発展が日本を含む国際社会に大きな好機をもたらしていることを積極的に評価し、恒久の平和と共同の繁栄をもたらす世界の構築に貢献していくとの中国の決意に対する支持を表明した。

(2) 中国側は、日本が、戦後60年余り、平和国家としての歩みを堅持し、平和的手段により世界の平和と安定に貢献してきていることを積極的に評価した。双方は、国際連合改革問題について対話と意思疎通を強化し、共通認識を増やすべく努力することで一致した。中国側は、日本の国際連合における地位と役割を重視し、日本が国際社会で一層大きな建設的役割を果たすことを望んでいる。

(3) 双方は、協議及び交渉を通じて、両国間の問題を解決していくことを表明した。台湾問題に関し、日本側は、日中共同声明において表明した立場を引き続き堅持する旨改めて表明した。

双方は、以下の五つの柱に沿って、対話と協力の枠組みを構築しつつ、協力していくことを決意した。

(1) 政治的相互信頼の増進

双方は、政治及び安全保障分野における相互信頼を増進することが日中「戦略的互恵関係」構築に対し重要な意義を有することを確認するとともに、以下を決定した。

両国首脳の定期的相互訪問のメカニズムを構築し、原則として、毎年どちらか一方の首脳が他方の国を訪問することとし、国際会議の場も含め首脳会談を頻繁に行い、政府、議会及び政党間の交流並びに戦略的な対話のメカニズムを強化し、二国間関係、それぞれの国の国内外の政策及び国際情勢についての意思疎通を強化し、その政策の透明性の向上に努める。

安全保障分野におけるハイレベル相互訪問を強化し、様々な対話及び交流を促進し、相互理解と信頼関係を一層強化していく。

国際社会が共に認める基本的かつ普遍的価値の一層の理解と追求のために緊密に協力するとともに、長い交流の中で互いに培い、共有してきた文化について改めて理解を深める。

(2) 人的、文化的交流の促進及び国民の友好感情の増進

双方は、両国民、特に青少年の間の相互理解及び友好感情を絶えず増進することが、日中両国の世々代々にわたる友好と協力の基礎の強化に資することを確認するとともに、以下を決定した。

両国のメディア、友好都市、スポーツ、民間団体の間の交流を幅広く展開し、多種多様な文化交流及び知的交流を実施していく。

青少年交流を継続的に実施する。

(3) 互恵協力の強化

双方は、世界経済に重要な影響力を有する日中両国が、世界経済の持続的成長に貢献していくため、以下のような協力に特に取り組んでいくことを決定した。

エネルギー、環境分野における協力が、我々の子孫と国際社会に対する責務であるとの認識に基づき、この分野で特に重点的に協力を行っていく。

貿易、投資、情報通信技術、金融、食品・製品の安全、知的財産権保護、ビジネス環境、農林水産業、交通運輸・観光、水、医療等の幅広い分野での互恵協力を進め、共通利益を拡大していく。

日中ハイレベル経済対話を戦略的かつ実効的に活用していく。

共に努力して、東シナ海を平和・協力・友好の海とする。

(4) アジア太平洋への貢献

双方は、日中両国がアジア太平洋の重要な国として、この地域の諸問題において、緊密な意思疎通を維持し、協調と協力を強化していくことで一致するとともに、以下のような協力を重点的に展開することを決定した。

北東アジア地域の平和と安定の維持のために共に力を尽くし、六者会合のプロセスを共に推進する。また、双方は、日朝国交正常化が北東アジア地域の平和と安定にとって重要な意義を有しているとの認識を共有した。中国側は、日朝が諸懸案を解決し国交正常化を実現することを歓迎し、支持する。

開放性、透明性、包含性の三つの原則に基づき東アジアの地域協力を推進し、アジアの平和、繁栄、安定、開放の実現を共に推進する。

(5) グローバルな課題への貢献

双方は、日中両国が、21世紀の世界の平和と発展に対し、より大きな責任を担っており、重要な国際問題において協調を強化し、恒久の平和と共同の繁栄をもたらす世界の構築を共に推進していくことで一致するとともに、以下のような協力に取り組んでいくことを決定した。

「気候変動に関する国際連合枠組条約」の枠組みの下で、「共通に有しているが差異のある責任及び各国の能力」原則に基づき、バリ行動計画に基づき2013年以降の実効的な気候変動の国際枠組みの構築に積極的に参加する。

エネルギー安全保障、環境保護、貧困や感染症等のグローバルな問題は、双方が直面する共通の挑戦であり、双方は、戦略的に有効な協力を展開し、上述の問題の解決を推進するために然るべき貢献を共に行う。

日本国内閣総理大臣　福田康夫（署名）
中華人民共和国主席　胡錦濤（署名）

2008年5月7日、東京

一つの確認

「一つの確認」は、日中関係改善に向けて話合いを続けて来た両国政府間の意見の一致である。〈二〇一四年（平成二十六年）十一月七日付け〉於：北京

中国　楊潔篪国務委員
日本　谷内正太郎国家安全保障局長

一　双方は、日中間の四つの基本文書の諸原則と精神を遵守し、日中の戦略的互恵関係を引き続き発展させていくことを確認した。

二　双方は、歴史を直視し、未来に向かうという精神に従い、両国関係に影響する政治的困難を克服することで若干の認識の一致をみた。

三　双方は、尖閣諸島等東シナ海の海域において近年緊張状態が生じていることについて異なる見解を有していると認識し、対話と協議を通じて、情勢の悪化を防ぐとともに、危機管理メカニズムを構築し、不測の事態の発生を回避することで意見の一致をみた。

四　双方は、様々な多国間・二国間のチャンネルを活用して、政治・外交・安保対話を徐々に再開し、政治的相互信頼関係の構築に努めることにつき意見の一致をみた。

琉球新報
THE RYUKYU SHIMPO
第38061号
（日刊）
2014年（平成26年）
12月31日 水曜日
［旧11月10日・友引］
発行所 琉球新報社
〒900－8525那覇市天久905番地
電話 098(865)5111

尖閣「現状維持の合意」

82年日英首脳会談 鈴木首相が明かす

【ロンドン共同＝半沢隆実】1982年9月、鈴木善幸首相が来日したサッチャー英首相（いずれも当時）との首脳会談で、尖閣諸島の領有権に関し、日本と中国の間に「現状維持する合意」があると明かしていたことが分かった。英公文書館が両首脳のやりとりを記録した公文書を30日付で機密解除した。「合意」は外交上の正式なものではないとみられるが、鈴木氏の発言は、日中の専門家らが指摘する「暗黙の了解」の存在を裏付けている。（2面に解説）

「暗黙の了解」裏付け

日本政府は現在、尖閣諸島問題について「中国側と棚上げ、現状維持で合意した事実はない」と主張、暗黙の了解も否定している。首脳会談は82年9月20日午前に首相官邸で行われ、サッチャー氏の秘書官らのメモを基に会話録が作られたとみられる。

鈴木氏は尖閣問題について中国の実力者、鄧小平氏と直接交渉した結果、「日中両国政府は大きな共通利益に基づいて協力すべきで、詳細に関する差異は脇に置くべきだ」との合意に容易に達したと説明。その結果「（尖閣の）問題を明示的に示すことなしに現状を維持することで合意し、問題は事実上、棚上げされた」と述べた。

鈴木氏は、尖閣問題で鄧氏は極めて協力的で「尖閣の将来は未来の世代の決定に委ねることができる」と述べたと紹介。その後、中国は尖閣問題に言及することはなくなったと説明した。

鄧氏とは78年8月に園田直外相が北京で会談、鈴木氏も首相就任前の79年5月に訪中し会談しており、鈴木氏のサッチャー氏への発言はこうした経緯を踏まえたものとみられる。

78年10月に来日した鄧氏は記者会見で、日中両国政府が72年の日中国交正常化交渉の際に「（尖閣諸島の問題に）触れない」ことで合意し、78年の日中平和友好条約の交渉でも同様のことを確認したと述べた。

鈴木善幸元首相

サッチャー元英首相
（ロイター＝共同）

鄧小平氏

『琉球新報』2014年12月31日付　共同通信配信

1979年（昭和54年）5月31日　朝日新聞

社説

「尖閣」で大局的解決を望む

日本が最近東シナ海の尖閣列島に仮へリポートをつくり、周辺一帯の気象や地質などの調査を進めようとしていることに対し、中国外務省が二十九日、在北京大使館を通じ公式に抗議してきた。

尖閣列島の領有権問題は、昨年の日中平和友好条約締結のさい、日本側が「歴史的、国際法的にみて、日本固有の領土であるのは明白」としたのに対し、中国側も領有権を主張、一時は日中間にはさまった最大のトゲの一つ、といわれた。

しかし、交渉の最終段階で中国側が、同列島における日本の「実効支配」を事実上認めた形になったため、日本側もそれ以上この問題について深追いすることを控えた。従って、「解決ずみ」とする日本側と、「解決はタナ上げしたにすぎない」との建前をとる中国側とのくい違いは、いぜんとして残されていた。

われわれは、日中友好関係が尖閣問題で傷つくことがあってはならない、との考え方に立って、日中両国政府に、次の諸点を要望したいと思う。

まず、中国政府に対して。同列島は明治二十八年一月、日本政府が日本領土に編入して以来、その帰属に疑問の余地はなく、この問題について日本人のコンセンサスは確立している。中国側のこれまでの立場からいって、今回の日本側の「仮へリポート建設」「調査団、観測船の派遣」といった急テンポのやり方に、一言抗議せざるをえない気持ちはわからぬではないが、これをあまり政治問題化するのは、日中友好上、害あって益ない結果に終わる恐れがあろう。

次に、日本政府に対して。尖閣列島が日本領であるのは、まぎれもない事実である。ただ、日本側からみていかに自明の権利とみえようとも、できるだけ相手国の気持ちを尊重し、慎重に行動するのが得策ではないか。

いまの時機に、寝た子を起こし、その神経をさかなでするような行動に出る必要が、果たしてあったのだろうか。ほうっておくと中国が入りこんでくる、というような状態でない以上、「実効支配のつみ重ね」をそんなに急ぐことはなかったように思われる。その点、園田外相が三十日の衆院外務委員会で「（尖閣列島は）日本の固有の領土ではあるが、国の交際にも感情があり、メンツもあり、有効支配のこれみよがしの誇示なら絶対反対である」とのべたのは、外交感覚という点で、良識に沿ったものといえよう。

尖閣列島が重要視され出したのは、東シナ海に眠る石油資源開発との関連からであった。将来、日中両国がこの地域における石油を共同して開発する日が来るものと思われるが、出来ればその時まで、尖閣列島が日中間の問題として登場しないことが望ましい。そしてその間に、中国の態度の変化することを期待したい。

今度の日本政府のやり方についてとくに反省を求めたいのは、日中関係全体に影響を与えるようなこうした重要な決定、行動が、首相、外相の発意とか、閣議で十分検討した結果出た、というようなものでなく、運輸相や沖縄開発庁長官の判断、指示でどんどん進められている点だ。

領土、というような外交上の最重要事項にかかわる問題は、常に首相自らのリーダーシップの下に、大局的見地に立って、慎重に考慮、処理されねばならない。

中国の抗議に感情的に反発し、非難の応酬をエスカレートさせるようなことにならぬよう、厳に注意してほしい。

『朝日新聞』1979年5月31日付

1979年(昭和54年) 5月31日(毎日新聞

社説

「尖閣列島調査」に慎重な配慮を

沖縄開発庁が実施している尖閣列島調査について、中国側が抗議してきた。

魚釣島には仮ヘリポートが作られ、同島中心に、海流、気象、地質などの調査が来月八日まで行われることになっている。尖閣列島は歴史的にも、日本の固有の領土である。周辺漁民の安全、保護のために基礎調査することは、他の地域と同様の国内措置である、というのが政府の立場である。中国の抗議に対して、現在実施している調査を中止する考えのないことを明らかにしているのも、そうした前提に立っている。法的側面からいえば、政府のいうとおりであろう。しかし問題は、中国側が尖閣列島の領有権の主張を取り下げていないところにある。

領土問題は国民感情に訴えるだけに、取り扱いが極めてむずかしい。それだけに、七年前の日中国交正常化の際にも、おたがいに「触れない」ことで解決が図られた。また、昨年八月の日中平和友好条約の締結の際にも、同じ方針で処理されている。

もっとも、日中条約の際は、四カ月前に中国漁船団の尖閣水域侵犯事件が起こっている。従って鄧小平副首相が、園田外相に「再び侵犯事件を起こさない」と言明する形がとられたが、「触れない」という基本線での処理では一貫しているといってよいだろう。

これによって、日本側は、中国は領有権の主張を放棄したわけではないが、実質的には、尖閣列島に対するわが国の有効支配を認めたという解釈をとっている。この点は、日中条約の国会審議のときにも明らかにされており、今回の尖閣調査も同じ前提に立っての措置というわけである。

しかし、中国側の抗議をみると尖閣調査行為は「法的な価値を有するものとは認めない」し、また「中日両国の了解事項に違反する」と指摘している。確かに中国抗議は口頭で、しかも大局的対処を望む穏やかな形をとっている。ただ、そこにみられるのは、日中間に「触れない」ことに対する受け取り方の違いが明白になっていることである。

中国側は尖閣問題については、実効支配の積み重ねも含めて「タナ上げ」になったと解釈しているとみるべきだろう。つまり、現状を凍結して、根本的解決を次代に待つ姿勢である。日本側の主張にもかかわらず、中国側がこうした態度を取り続ける限り、尖閣列島の領有権問題はこじれ出し、係争問題に発展する可能性を秘めていることは否定できない。それだけに慎重に対処する必要がある。

その点、今回の調査の実施のうえで、日本側も外交的配慮を欠いた面はなかっただろうか。日本の領土の調査を進めて、なにが悪いか、漁民の安全のためではないかという反論もあるだろう。法的にはそうであっても、ことさら誇示することが、果たして賢明な措置といえるかどうか疑問である。また、調査をなぜ、この時点で選んだのかも、国内ではわかりにくい点もある。中国には、なおさら、その意図が不透明にみえるのではないだろうか。

尖閣列島の領有権問題は、今後、大陸だな開発や、二百カイリ経済水域設定問題にからんで、取り上げられる可能性が、昨年の日中条約の国会審議でも指摘されていた。日中条約に基づく日中友好親善はこれからが大切である。相互の信頼関係が初めから、不信と危惧でゆらぐことがあってはなるまい。

今回の現地調査が、必要以上に中国を刺激し、日中関係全般にまで波及しないよう、政府としては慎重に取り運び、抑制された態度で、問題化を避ける配慮をみせてほしい。

『毎日新聞』1979年5月31日付

社説

尖閣問題を紛争のタネにするな

日本が尖閣諸島の魚釣島で進めている開発調査に対し、中国外務省が公式に遺憾の意を表明するとともに、善処を求めて来た。

この遺憾表明は口頭で行われ「日本の〝行為〟は法的価値を持つとは認めない」と中国側の立場を明確にしながらも、厳しい抗議の姿勢ではなく、繰り返し大局的な配慮を要望したという。事をあら立てまいとする中国の姿勢がうかがわれるが、わが国としてもこの問題を日中の〝紛争のタネ〟に発展させないよう慎重な対処が必要だろう。

尖閣諸島の領有権問題は、一九七二年の国交正常化の時も、昨年夏の日中平和友好条約の調印の際にも問題になったが、いわゆる「触れないでおこう」方式で処理されてきた。つまり、日中双方とも領土主権を主張し、現実に論争が〝存在〟することを認めながら、この問題を留保し、将来の解決に待つことで日中政府間の了解がついた。

それは共同声明や条約上の文書にはなっていないが、政府対政府のれっきとした〝約束ごと〟であることは間違いない。約束した以上は、これを順守するのが筋道である。鄧小平副首相は、日中条約の批准書交換のため来日した際にも、尖閣問題は「後の世代の知恵にゆだねよう」と言った。日本としても、領有権はあくまでも主張しながら、時間をかけてじっくり中国側の理解と承認を求めて行く姿勢が必要だと思う。

その意味では、今回の魚釣島調査は誤解を招きかねないやり方だった。三原沖縄開発庁長官（総務長官）は「自然条件や動植物の調査をやったまでで、他意はない。これ以上の実効支配や地下資源調査は考えていない」というが、条約発効後一年もたたないのに、ヘリポートをつくり、調査団を派遣するのは、わざわざ実効支配を誇示しようとするものと受けとられかねない。

運輸省や沖縄開発庁の一連の行動に対して、外務省は「あまりこれみよがしに実効支配を宣伝するのはどうか」と懸念していたといわれ、園田外相は「中国が黙っているのは友情であり、わが国は刺激的、宣伝的な行動は慎むべきだ」と国会で答弁した。それが、日中間の了解事項に沿う素直な姿勢だと思う。

もし、どうしても学術調査が必要なら、事前に中国と話し合い、共同調査でもやる方法はなかったか。尖閣諸島の周辺海域では、いずれ遠くない時期に海底資源を調査開発しなければならなくなる。〝小さな岩〟で争うよりも、こうした遠大な事業で日中両国が協力する方向に、双方のふん囲気を高めて行くことが大事だ。もしこれが成功すれば、とかくこじれがちな領土紛争に、よき解決の先例を国際的にもつくることになる。

われわれが最も心配するのは、日本の対外姿勢が、相手方が穏やかに構えれば強く出、相手方が強硬であれば引っ込む、というふうに受け取られかねないことだ。今回の尖閣諸島に対する一連の行動と、北方領土や竹島の〝現実〟を比べて見れば、それは一目瞭然（りょうぜん）だともいえる。

魚釣島調査は、幸いにして無事に終わりそうに見える。こんごとも、尖閣諸島問題に対しては慎重に対処し、決して紛争のタネにしてはならない。

『讀賣新聞』1979年5月31日付

文化

日中 真の戦後和解へ

強制連行の加害と受難刻み「記念碑」

内田　雅敏

昨年10月23日、西松建設中国人強制連行・強制労働事件について中国人受難者・遺族と西松建設の間で、同社が加害の事実、及びその歴史的責任を認め、謝罪し、補償金を支払うという和解が成立した。和解成立1周年を迎えた今年10月23日、生存者5名を含む中国人受難者・遺族ら40名及び中国大使館員ら、国内外から多くの関係者の参列を得て、広島県西北部の山あいの地、中国電力安野発電所の一隅で、二胡の音色が静かに流れるなか、慰霊式と記念碑の除幕式が行われた。

邵義誠さん（右から3人目）らが除幕した「安野　中国人受難之碑」＝広島県安芸太田町で、寺岡俊撮影

除幕された「安野　中国人受難之碑」には、受難者及び遺族と西松建設の連名により日本語と中国語で次のような碑文が刻まれた。

「第二次世界大戦末期、日本は労働力不足を補うため、（略）約4万人の中国人を日本の各地に強制連行し苦役を強いた。（略）安野発電所建設工事で360人の中国人が苛酷《かこく》な労役に従事させられ、原爆による被爆死も含め、29人が異郷で生命を失った（略）」

「中国人受難者は被害の回復と人間の尊厳の復権を求め、（略）長期にわたる交渉と裁判を経て、和解が成立し、双方は新しい地歩を踏み出した。西松建設は、（略）中国人受難者の要求と向き合い、企業としての歴史的責任を認識し、新生西松として生まれ変わる姿勢を明確にしたのである」

「太田川上流に位置し、（略）長い導水トンネルをもつ安野発電所は、今も静かに電気を送りつづけている。こうした歴史を心に刻み、日中両国の子々孫々の友好を願ってこの碑を建立する」

加害と受難の歴史を記憶するために被害者と加害者が「日中両国の子々孫々の友好を願って」建立した記念碑は、まさに和解を象徴するものだ。

「和解」という語を『広辞苑』で引くと、①相互の意思がやわらいで、とけあうこと、なかなおり。②〔法〕争いをしている当事者が互いに譲歩しあって、その間の争いを止めることを約する契約。示談――とある。

裁判上の和解は②の意味だ。中国人強制連行・強制労働は、歴史の清算の問題であり、その和解は、限りなく①に近づかなければならない。加害者と被害者の連名による記念碑の建立で、①の意味での和解に近づいたわけである。

除幕式で生存者の邵義誠氏は「故郷を遠く離れ、祖国を遠く離れた異国の地に、かつて強制連行され非人間的な労働を強いられた地に、ついに真実の歴史を刻んだ記念碑が建立されました。敢然と歴史的責任を認めて実際の行動で謝罪した新生西松建設に敬意を表します」と述べた。

西松建設も「改めてその歴史的責任を認識し、安野における360名の受難者およびその遺族に対して深甚なる謝罪の意を表明致し、『安野　中国人受難之碑』が日中友好協力関係のさらなる発展に寄与せんことを」とあいさつした。

記念碑建立には、敷地を提供した中国電力そして地元安芸太田町などの協力があった。

記念碑は、建立だけでは完結しない。維持管理を通じて和解の精神を若い世代に伝える作業が不可欠だ。中国人受難者・遺族らの西松建設に対する賠償請求を支えた「西松建設裁判を支援する会」は、「歴史事実を継承する会」に発展的解消をした。

中国電力の現場責任者は、遺族の一人から「父たちが作った発電所を末永く使って下さい」と話しかけられ、「大事に使います」と答えたという。こうした積み重ねによって、「受難之碑」は「友好之碑」となるだろう。

翌日、中国人受難者らは広島市の原爆資料館を訪れた。尖閣諸島問題を契機として日中双方の若者の間に「愛国」という「正義」のぶつけ合いと憎しみが醸し出されつつある現在、草の根の交流の大切さを痛感する。

（うちだ・まさとし＝弁護士、西松安野友好基金運営委員会委員長）

『毎日新聞』2010年11月9日付

寄稿　内田　雅敏（弁護士、西松安野友好基金運営委員会委員長）

「受難の碑」を「友好の碑」に

広島で中国人強制連行・労働受難者追悼式

10月20日、広島県安芸太田町安野《やすの》で、中国からの受難者遺族18名を迎え、第5回西松建設中国人強制連行・強制労働受難者追悼式が行われた。

第二次世界大戦末期、国内の労働力不足に対処するため、閣議決定を経て、約4万人の中国人を日本に強制連行し、鉱山、土建、港湾荷役などの現場で強制労働をさせた。安野の地でも360名の中国人が西松組（当時）のもと、安野発電所建設工事に従事させられ、過酷な労働によって、被爆死5名を含む29名の方々が異国の地で亡くなった。

■　■

中国人受難者・遺族らは地元広島を中心とする日本側支援者らの協力を得、16年間に及ぶ交渉と裁判を経て、2009年10月23日に西松建設との間で和解を成立させた。

翌年10月23日、中国電力安野発電所の一角に、中国人受難者・遺族と西松建設株式会社の連名で、「安野　中国人受難之《の》碑」が建立された。

この建立には安芸太田町、中国電力など各方面の協力があった。同日の、碑前での第1回の追悼式以降、今回に至るまで、判明した212名の受難者・遺族に補償金を届け、順次153名の受難者・遺族の方々を追悼式に招き、交流してきた。

「安野　中国人受難之碑」の前で行われた第5回追悼式＝筆者提供

■　■

5回にわたる追悼式では、さまざまなエピソードもあった。当時の発電所が現在も稼働していることを知った遺族の一人が「父たちの造ったこの発電所を、末永く使ってほしい」と、案内の中国電力担当者に話しかけたところ、担当者が即座に「はい、大事に使わせていただきます」と答えたこと。「このような活動を続けることによって、やがて『受難之碑』は『友好の碑』となる」と語った受難者遺族もいた。

中国人受難者の提訴に対し04年7月9日、広島高裁は西松建設に損害賠償を命じた（鈴木敏之裁判長＝現弁護士）。高裁の判決が最高裁の＜被害の重大性を考えるとき、当事者間において、自発的に解決するのが望まれる＞という、和解の契機となった「付言」を導き出した。今回の追悼式には鈴木弁護士も参加し、受難者遺族らと親しく交流した。「受難之碑」に献花し、しばしたたずむ元裁判長の姿を見て、前記判決が裁判官の良心に基づき心血を注いで書かれたものであることを改めて感得した。

■　■

今年は日中国交回復から40周年、本来ならば、政治、文化、あらゆる分野において、盛大に祝われるはずであった。今回の追悼式にも、当初三十数名の中国人受難者遺族が参加の予定であったところ、尖閣諸島（中国名・釣魚島）の領有をめぐる日中間の緊張の中で、「日本に行くのが怖い」として十数名が、来日を取りやめた。

このような時こそ、日中の民間人同士の交流が大事である。関係者の尽力により、＜太田川上流に位置し、長い導水トンネルを持つ安野発電所は、今も静かに電気を送り続けている。こうした歴史を心に刻み、日中両国の子々孫々の友好を願って、この碑を建立する＞と刻まれた「受難之碑」の前で、第5回追悼式を行い、受難者遺族らと友好・信頼を確認し合えたことを喜びたい。こうした取り組みが日中双方の社会において広く伝えられ、現在の日中関係を変える大きな力となることを、心から願う。

『毎日新聞』2012年11月12日付

寄稿

日中の緊張緩和に貢献

三菱マテリアル中国人強制労働事件和解

内田雅敏（弁護士）

「過ちて改めざる、是《これ》を過ちという」。6月1日、北京で締結された三菱マテリアル社中国人強制労働事件和解において、同社の代表、木村光・常務執行役員が中国人受難生存労工に対して述べた「謝罪文」の一節である。

■　■

アジア・太平洋戦争が長期化する中で、1942年、東条英機内閣は中国大陸から中国人を日本国内に強制連行し、鉱山、ダム建設現場などで強制労働に就かせることを企て、「華人労務者移入に関する件」を閣議決定し、同44年8月から翌45年5月までの間に3万8935人の中国人を日本に強制連行し、鉱山、ダム建設現場など135事業所で強制労働させた。

三菱マテリアルとの和解を正式発表し、記者会見する元労働者の閻玉成さん＝1日、共同

同年8月15日の日本の敗戦に至るまでの約1年間、苛酷な労働の中で6830人の中国人が亡くなった。三菱マテリアル社によれば、同社の前身である三菱鉱業株式会社と下請け会社は3765人の中国人労働者をその事業所に受け入れ、「劣悪な条件下で労働を強いた」。これについて謝罪文は「弊社は、中国人労働者の皆様の人権が侵害された歴史的事実を率直かつ誠実に認め、痛切なる反省の意を表する」「当時の使用者としての歴史的責任を認め、中国人労働者及びその遺族の皆様に対し深甚なる謝罪の意を表する」と述べる。

謝罪文にある「事業所」の中には昨年、世界ユネスコ文化遺産に登録され、「軍艦島」として有名な長崎市の端島海底炭鉱等がある。三菱マテリアル社は、謝罪の証しとして、中国人受難者・遺族に対し、1人当たり金10万元（約170万円）の和解金を支給し、さらに「二度と過去の過ちを繰り返さないために」記念碑の建立に協力し、この事実を次の世代に伝えていくことを約束する」とし、事業所等での「受難の碑」建立の費用、中国からの受難者・遺族をお招きしての追悼事業費を別途支給することとした。三菱鉱業では強制労働中に711人（他に船中で11人）が亡くなった。

■　■

筆者はこれまで、中国人強制連行・強制労働問題に関し、本件の他に鹿島の花岡和解（2000年）、西松建設広島安野和解（09年）に関与してきた。本三菱マテリアル和解は、前記二つの和解の延長上のものであり、前2者に比べ、①三菱鉱業本体の事業所だけでなく、下請け先も含む3765人を対象とする②謝罪内容において踏み込み会社の責任者が中国に赴き、直接、受難者に謝罪した③和解金の額がこれまでの金額を大幅に超え、かつその使途が明確に定められている、等々において大きく前進したものである。

労工らは、本和解に踏み切った三菱マテリアル社の決断に敬意を表するとともに、同じ問題を抱える他の企業及び日本国家が同社に倣い早急に問題の解決に当たるよう呼びかけた。強制労働問題は中国人だけではない。

調印式の終了に際し、労工ら及び同社は、遠く異国の地で亡くなった、そして故国に帰ったが本和解の成立を待つことなく亡くなった労工らに思いをはせ、黙とうした。

和解のためには加害者の慎みと節度、被害者の寛容が不可欠である。

「和解」は和解の成立によって終了するのでなく、和解事業の遂行過程を通じて、さらに深め、豊かにすることができる。それは民間による日中友好運動の一つでもある。

そして本和解は、歴史に真摯《しんし》に向き合い、被害者に対する謝罪とささやかな慰藉《いしゃ》をなすものであるが、同時に、昨今の日中の安全保障を巡る環境整備に資する。

（うちだ・まさとし）

『毎日新聞』2016年6月7日付

文化

韓国大法院の判決を受けて

戦後補償 解決への道

求められる慎みと節度

花岡、西松、三菱マテの和解に学ぶ

内田　雅敏

うちだ・まさとし　1945年愛知県生まれ。弁護士。花岡事件、西松建設、三菱マテリアルの各戦後補償裁判和解に中国人側代理人として関与した。東京弁護士会所属。

戦時中、日本製鉄（現新日鉄住金）で強制労働させられた元徴用工が同社に損害賠償を求めた裁判で、韓国大法院（最高裁）は同社に賠償を命じる確定判決を出した。判決に対する日本社会の反応はおおむね批判的だ。1965年の日韓請求権協定で決着済みであり、判決は国家間の合意に反するとの声がしきりである。

だが国家の請求権と個人の請求権は別、放棄されたのは外交保護権であり、日韓請求権協定は個人の請求権には及ばないとする法論理もあるし、それが日本政府の見解であったはずだ。「国家間の合意」には無条件で従わなくてはならないのか。沖縄・辺野古の米軍新基地建設反対も、日米間でなされた普天間基地移設に関する国家間の合意に反するから許されないか。辺野古新基地建設反対運動に多くの人々が共感するのは、普天間基地移設と辺野古新基地建設という「国家間の合意」が沖縄県民の意思を無視してなされたからだ。

韓国大法院の判決についても同様だ。日本の植民地下での強制労働の実態およびそれに対する謝罪と補償の欠如－日韓請求権協定当時の椎名悦三郎外務大臣は、協定による有償・無償5億ドルについて、無償の3億ドルは賠償ではなく「独立祝い金」だと国会で答弁した－を直視すれば、「国家間の合意」による解決済み論とはまた別な論も導き出される。歴史問題の解決には被害者の寛容が必要だが、そのためには加害者の慎みと節度が不可欠だ。

花岡事件の殉難者慰霊式で式辞を述べる大館市の福原淳嗣市長＝昨年6月30日、大館市花岡町の十瀬野公園墓地

深化する和解内容

強制労働問題は韓国人だけでなく中国人についてもあった。アジア・太平洋戦争の長期化の中で、1942年、東条英機内閣は中国大陸から中国人を日本国内に連行し、鉱山、ダム建設現場などで労働させることを企て、「華人労務者移入に関する件」を閣議決定した。これに基づき44年8月から翌45年5月までに3万8935人の中国人を日本に強制連行し、135の事業場で強制労働させた。過酷な労働により、日本の敗戦に至るまでの間に6830人が亡くなった。

戦後もこれらの受難者・遺族に対する日本国家・使役企業からの謝罪、賠償はなされなかった。72年の日中共同声明で中国側の賠償請求権は放棄されており、日韓請求権協定と同様、「国家間の合意」により解決済みと強弁されてきたのだ。

中国人強制連行・強制労働問題に関しては中国側受難者・遺族およびそれを支える日本側支援者の裁判闘争を含む長年にわたる闘いの結果、2000年の花岡事件（鹿島建設）和解、09年の西松建設和解（新潟県内の事業所分は翌年和解）、16年の三菱マテリアル和解などが成立した。花岡和解があったから西松和解が成立した。三菱マテリアル和解は、前二つの和解があったからこそ成立した。前の和解を教訓とし、不十分さを克服し、より良いものとしてきたのである。

花岡和解に際しては故土井たか子氏、故後藤田正晴氏らの剛腕という陰の助力があった。西松裁判では04年7月、広島高裁（鈴木敏之裁判長）が高裁レベルで初めて中国人受難者・遺族を勝訴させた。最高裁第二小法廷は07年4月に高裁判決を破棄したが、被害の重大性を考えるとき当事者間の自発的解決が望ましい－と判決で付言した。西松の近藤晴貞新社長はこの付言を受けて和解を決断した。

緊張緩和に資する

戦争被害の「和解」のためには①加害者が加害の事実と責任を認め謝罪する②謝罪の証しとして和解金を支給する③同じ過ちを犯さないよう歴史教育、受難碑の建立、追悼事業などを行う－の三つが不可欠だ。

三菱マテリアル社の代表は北京に出向き、受難生存労工に対し「弊社は3765名の中国人労働者をその事業所に受け入れ、劣悪な条件下で労働を強いた」「弊社は当時の使用者としての歴史的責任を認め、中国人労働者およびその遺族の皆様に対し深甚なる謝罪の意を表する」と述べた。

そして受難者・遺族に一人当たり10万元（約160万円）の和解金を支給し、さらに「二度と過ちを繰り返さないため記念碑の建立に協力し、この事実を次の世代に伝えていくことを約束する」として、事業場等での「受難の碑」建立、中国からの受難者・遺族を招いての追悼事業（各費用は和解金とは別途支給）を約束した。中国人受難者らは、同社の和解の決断に敬意を表し、同じ問題を抱える他の企業および日本国家が同社に倣い早急に問題解決に当たるよう呼び掛けた。

和解成立後、生存受難者11人に前記謝罪と和解金が届けられた。現在、中国政府機関の協力も得て、日中平和友好条約40周年の本年中に、三菱マテリアル社、受難者・遺族らで構成する基金を設立し、遺族らに対する和解金の支給等和解事業を始動させるべく関係者間で最後の詰めがなされている。

歴史問題の和解は、和解金の支払いによって終了ではない。和解事業を進め、和解の中身をさらに深め豊かにすることが大切だ。花岡事件の現地、秋田県大館市では毎年6月30日、中国大使館からの参加も得て、市主催の中国人殉難者慰霊式を行い、また地元支援者らによって花岡平和記念館が建設された。

西松建設和解では、西松建設、中国人受難者・遺族および地元支援者らによって、強制労働の現地に「中国人受難之碑」が建立され、順次中国より受難者遺族をお招きし、地元の町長らの参加も得て追悼事業を行ってきた。ささやかな日中民間交流だ。三菱マテリアル和解でも同様な和解事業が遂行されるはずだ。それは日中間の緊張緩和に貢献する。

花岡事件と戦後和解

太平洋戦争末期、花岡町（現大館市）に強制連行されていた中国人が過酷な労働に耐えかねて蜂起した事件。劣悪な労働環境と事件鎮圧後の虐待などによって400人以上が死亡した。戦後、生存者・遺族は自分たちを使役した鹿島建設に損害賠償を求めて提訴。2000年、鹿島が5億円を拠出し、被害者救済の基金を設立することなどで東京高裁で和解が成立した。地元大館市のNPO法人は事件を「加害の地」から後世に伝えようと寄付を募って花岡平和記念館を建設、2010年に開館した。

『秋田さきがけ』2018年11月14日付

琉球新報　2022年(令和4年) 9月2日　金曜日

文化　bunka@ryukyushimpo.co.jp TEL098-865-5162

日中国交正常化50年に寄せて

内田　雅敏

北京で日中両国の戦争状態終結と国交正常化に関する共同声明に調印し、乾杯する田中角栄首相（手前右）と中国の周恩来首相（同左）＝1972年9月29日（共同）

共同声明の精神を
先人の尽力に思い馳せ

8月16日、スリランカ南部のハンバントタ港に中国軍系の観測船が入港した。ハンバントタ港は中国の巨大経済圏構想「一帯一路」の一環で建設されたが、巨額の融資が返済できなくなったスリランカは、債務の一部免除と引き換えに中国に港の運営権を99年間貸与した。周辺国からは中国の「一帯一路」政策に潜められた「債務の罠」として警戒されてもいる。

99年間の貸与

「99年間の貸与」には既視感がある。1915年、日本が第1次世界大戦による欧州のドサクサに乗じ、ドイツが中国の山東省に有していた権益を奪い、改めて中国に99年間の貸与等を求めた「対華21カ条要求」だ。戦前の対中国政策の過ちの始まりとして、今日保守の側も含め共通の認識となっている。この延長上に31年、満州事変、37年、日華事変から日中戦争、41年、対米英戦争があった。

「対華21カ条要求」時の首相は、明治の自由民権運動の流れをくむ大隈重信、外相は後の護憲三派内閣の首班となった加藤高明。明治の自由民権運動も大正デモクラシーも外に向けては帝国主義であった。

ハンバントタ港運営権の中国への99年間の貸与、〈中国よ、おまえもか!!〉という思いを禁じ得ない。歴史は繰り返す、プレーヤーを代えて。

新たな歴史

今年は、1972年9月29日、田中角栄首相と周恩来総理による日中共同声明から50年。同声明は「日中両国は、一衣帯水の間にある隣国であり、長い伝統的友好の歴史を有する。両国国民は、両国間にこれまで存在していた不正常な状態に終止符を打つことを切望している。戦争状態の終結と日中国交の正常化という両国国民の願望の実現は、両国関係の歴史に新たな一頁を開くこととなろう」（前文）とエールを交換し、「日本側は、過去において、日本国が戦争を通じて中国国民に重大な損害を与えたことについての責任を痛感し深く反省」（同）し、「中華人民共和国政府は、台湾が中華人民共和国の領土の不可分一部であることを重ねて表明し」（3項）と、台湾を含めて「一つの中国」論を主張し、日本国政府は中国政府のこの見解を尊重するとした（同）。更に、互いに覇権国家とならないことを誓いあった（7項）。尖閣諸島の帰属についても棚上げとする合意がなされた。

この基本姿勢は、その後の日中平和友好条約（78年）、日中共同宣言（98年）、「戦略的互恵関係」の包括的推進に関する日中共同声明（2008年）でも繰り返し確認された。78年の平和友好条約締結当時、激しい「中ソ」対立があった。当時の中国側の責任者鄧小平は、反覇権条項は、ソ連（当時）を念頭におくものであるとして渋る日本側を「反覇権条項は将来、中国が覇権国家にならないためにも必要なのだ」とまで言って説得した。すでに74年、鄧小平は、国連総会において演説し「中国は覇権国家とはならない。もし中国が覇権国家となったならば、世界の人民は、中国人民と共にその覇権国家を打倒すべきである」と啖呵を切っていた。「一つの中国」、反覇権条項は、日中共同声明に先立った72年2月、ニクソン米大統領との間での「上海コミュニケ」でも確認された。

習近平の独裁

今、内には香港における人権弾圧、ウイグル族問題、外には南シナ海における覇権主義的行動、「一帯一路」構想による途上国支援に潜む「債務の罠」等々、そしてウクライナに侵攻するロシアに対する国際的批判に同調せず、プーチン大統領にエールを送る中国習近平独裁体制を見るとき、習近平主席は周恩来総理ら50年前の中国の指導者らとは違うのではないかという疑問を払拭できない悩ましさがある。

50年前とは比較にならない中国経済、軍事力の圧倒的な増大、米中対立の激化、喧伝される「台湾有事」等々、中国を取り巻く環境の変化もある。ペロシ米下院議長の訪台など米国の軍産複合体を背景とした米国の「挑発」もある。それにしても、習近平独裁政権は「上から目線」だ。国交正常化前のその昔、北京で「米帝国主義は日中両国人民共通の敵」とぶち上げた日本の政治家がいた。習近平独裁政権がそうならないことを願う。

日本側も同様だ。米中対立に割って入るのではなく、米国の言うがまま武器爆買いをし、米国による「台湾有事」の喧伝に唱和し、南西諸島にミサイル網を巡らせ中国に対峙しようとしている。これを「好機」とする中国の軍拡派。「敵対的相互依存関係」だ。

50年前、日中国交正常化のために北京に赴いた田中首相、大平外務大臣らには戦争体験者として中国に対する申し訳のなさとリスペクトがあった。周恩来もレセプションで、新潟出身の田中首相には「佐渡おけさ」、香川出身の大平外相には「金毘羅船々」の演奏で応えた。故安倍元首相ら戦争を知らない世代の政治家たちにはこのような気持ちが理解できない。

周恩来に会った田中首相は「私は長い民間交流のレールに乗って、今日ようやくここに来ることができました」と語りかけたという。

いま大切なことは、日中両国の指導者・民衆が、日中友好に向けた先人たちの尽力に思いを馳せ「両国間の国交を正常化し、相互に善隣友好関係を発展させることは、両国国民の利益に合致するところであり、また、アジアにおける緊張緩和と世界の平和に貢献するものである」という日中共同声明前文結びの精神に立ち返ることだ。

うちだ・まさとし　1945年愛知県生まれ。75年弁護士登録。中国人強制連行を巡る花岡事件などで和解を実現してきた。近著に「元徴用工　和解への道」（ちくま新書）、「靖國神社と聖戦史観」（藤田印刷エクセレントブックス）がある。

『琉球新報』2022年9月2日付

寄稿

◎冬を潜らないと
春は来ないのか

「中国共産党という、21世紀の奇形独裁政党が、世界のファントムとなって徘徊し、全世界の人民を抑圧しようとしている。香港市民の自由を踏みつぶし、今度は、台湾を台湾省として統治下に置こうとしている。自由の春を享受するためには、矢張り一度は、冬が必要なのか」。60年安保闘争時の全学連指導部員であった先輩からのメールだ。

筆者も含め多くの人が今日の中国にこのような感懐を抱いている。冬の後には春が来るのは自然界の恒だが人間界はどうか。今度来るかもしれない「冬」は「核の冬」になる可能性もあり、その後にはもう「春」は来ない。故浅川マキの歌「この次春が来たなら／むかえに来ると言った／あの人の嘘つき／もう春なんか来やしない／来やしない」（「ふ

「平和資源」による外交を

との奇妙な同居を強いられた。戦後日本は、法体系的には後者による前者の侵食の歴史であった。いま、最後の仕上げとして「改憲」が声高に語られる。平和憲法を放棄した日本に対するアジアからの視線に想像力を働かせるべきだ。

◎克服できない
サ講和条約体制

52年4月28日発効のサンフランシスコ講和条約は、同時に締結された日米安保条約と共に日本の戦後の枠組みを作った。北方諸島および沖縄の切り捨て（サ条約2、3条）と、「在日米軍」と名を変えた米占領軍の恒久的な日本駐留だ。

北方諸島および沖縄の切り捨ては、カイロ宣言にいう、連合国は自国のための「領土拡張の念を有しない」に反する。「在日米軍」による占領状態の継続は、ポツダム宣言12項「前記諸目的が達成され、且つ日本国民の自由に表明された意思に基づき平和的傾向を有し、且つ責任ある政府が樹立された場合には、同盟国

とされ、米軍基地の重圧、米兵の犯罪に呻吟《しんぎん》していた。平和憲法を持つ日本に復帰すれば、米軍基地、米兵の犯罪に苦しめられなくてもすむと、日の丸の旗を掲げての祖国復帰運動が展開された。

しかし、県民の期待は裏切られた。当時の佐藤栄作首相は国内向けには〈沖縄の復帰なくして戦後は終わらない〉と言いつつ、復帰交渉のための訪米では、〈米軍基地機能は、沖縄復帰によって一切影響を受けない〉と繰り返していた。

日本国土の0・6%の広さしかない沖縄に日本国内の米軍基地・施設の70%が集中し、世界一危険と言われる普天間基地などの問題は一向に解決されない。日米安保条約・地位協定に基づく米軍人・軍属の来沖フリーパスが米軍基地経由の沖縄における新型コロナ感染の拡大をもたらし、県民の怒りを呼ぶ。

県民の声を無視し、かつまた軟弱地盤という地質上の問題点が明らかになっているにもかかわらず、辺野古で米軍新基地建設が強行

感し、深く反省する」とうたい、「両国間の国交を正常化し、相互に善隣友好を発展させることは、両国国民の利益に合致するところであり、またアジアにおける緊張緩和と世界の平和に貢献するものである」と結ぶ。

72年の「日中共同声明」、78年の「日中平和友好条約」、98年の「日中共同宣言」、2008年の「『戦略的互恵関係』の包括的推進に関する日中共同声明」、この四つが日中間の基本文書だ。そこでは、日本の中国侵略に対する反省と、両国は互いに覇権国家とはならないという反覇権主義が一貫して確認されている。

日中平和友好条約の締結に際し、渋る日本側に、鄧小平副首相（当時）は、反覇権条項は将来中国が覇権国家にならないためにも必要なのだと説いた。彼は74年の国連総会でも演説し、「中国は覇権国家とならない。もし中国が覇権国家となったならば、世界の人民は、中国民衆と共にその覇権国家を打倒すべきである」と啖呵《たんか》を切った。

日中共同宣言では、日本

『長崎新聞』2022年1月8日付（右部）

日中国交正常化50年の、いま

弁護士 内田　雅敏

しあわせという名の猫」）が聴こえてくる。

◎憲法と日米安保の奇妙な同居

２０２２年は、日本国憲法発効75年、サンフランシスコ講和条約発効70年、沖縄「復帰」50年、日中国交正常化50年という節目の年になる。この四つは密接に関連する。

１９４７年5月3日発効した日本国憲法は、〈戦争の放棄、国民主権、基本的人権の尊重〉を基本原理としており、その背後にはアジアで２０００万人以上、日本で３１０万人の非業無念の死を強いられた死者たちの存在があった。この憲法体系は米国と旧ソ連を両軸とする冷戦の進行の中で、後述する日米安保体制

の占領軍は直ちに撤退しなければならない」に反する。戦後76年を経過した現在も日本はこのサ講和条約体制を克服できていない。

サンフランシスコ講和条約体制は植民地支配の責任問題についても曖昧にした。民事局長通達により、サ講和条約が発効した日に在日朝鮮人と在日台湾人は国籍選択権行使の機会も与えられずに日本国籍を失われ、植民地支配の責任が清算されないままに外国人とされた。

◎祖国に「復帰」した沖縄の、いま

本土防衛の捨て石とされ、県民の約4人に1人に当たる約10万人が亡くなった地上戦が行われた沖縄。戦後は日本国から切り捨てられ、「日本国憲法番外地」

され、さらには、後述する「台湾有事」の名のもとに宮古島など、西南諸島に配備されようとしているミサイル防衛網等々がある。「復帰」から50年、今「万国津梁」の島は、対中包囲網の最前線「令和の防人」にされようとしている。

◎ミサイルでなく「四基本文書」で

日中国交正常化50年のいま、「台湾有事」が声高に語られる。敵基地攻撃能力保有、軍事費倍増、そして改憲をもくろむ一派にとってまさに「わが世の春」だ。

外交は内政と裏腹な関係だ。「台湾有事」を口実に中国包囲網が強化されれば、中国習近平政権も引くに引かれなくなる。ジョージ・オーウェルの散文「象を撃つ」の世界だ。「台湾有事」が現実となった場合、米軍基地の集中する沖縄は真っ先に攻撃される。

「日中共同声明」の前文は、「日本側は、過去において日本国が戦争を通じて中国国民に重大な損害を与えたことについての責任を痛

側は95年の村山富市首相談話を順守することを約束し、中国側は日本のODAに対する感謝の念を表明している。習近平国家主席も、日中間は日中共同声明などの「四つの基本文書」によって律せられると繰り返している。

その真意はともかく、習主席は安倍首相（当時）と横を向いて握手をしても四つの基本文書の順守には言及する。これが日中間での決定的な破局に対する歯止めになっている。日中間の四つの基本文書は平和憲法と同様「平和資源」だ。これを活用しない手はない。

日本国憲法発効75年、サンフランシスコ講和条約発効70年、沖縄「復帰」、日中国交正常化50年の節目のいま、「平和国家」としてサ講和条約体制の軛《くびき》から脱し、ミサイル防衛でなく、「平和憲法」「平和資源」を活用しての外交をすべきだ。

日本、中国、台湾間の懸案である尖閣問題についても双方に言い分があることを冷静に見つめ、領有問題は棚上げし、日中台で互いに活用し、共同開発する「国際入会地」案も検討すべきだ。

うちだ・まさとし　１９４５年生まれ。早稲田大法学部卒。75年東京弁護士会登録。日弁連憲法委員会幹事。弁護士として通常業務のほかに強制連行・強制労働、靖国等の歴史問題に取り組む。中国人強制労働花岡事件（鹿島建設）、同西松建設事件、同三菱マテリアル事件等の和解に関与。著書に『元徴用工　和解への道』（ちくま新書）、『和解は可能か』（岩波ブックレット）、『靖国神社と聖戦史観』（藤田印刷エクセレントブックス）

『長崎新聞』2022年1月8日付（左部）

新　聞　2022年（令和4年）8月20日 土曜日　紙面編集・中島夏美

追従

寄稿

弁護士　内田　雅敏

旧統一教会絡みで銃撃殺された安倍晋三元首相が国葬に付されるという。地球儀を俯瞰《ふかん》する外交を展開した世界的なリーダーだと。しかし、北方諸島、拉致問題等、外交上、何らかの成果を残したとは思えない。ロシアのプーチン大統領や米国のトランプ前大統領に「シンゾウはいい奴だ」と言われ、いいようにあしらわれ、武器の爆買いをさせられただけではないか。

安倍元首相が俯瞰したという地球儀には隣国韓国、中国は入っていない。アジアには傲岸《ごうがん》、米国には追従、これが彼の神髄だ。

「貧困を憎み、勤労の喜びに普遍的価値があると信じる日本人は、アジアがまだ貧しさの代名詞であるかのように言われていたころから、自分たちにできたことが、アジアの、ほかの国々で、同じようにできないはずはないと信じ、経済の建設に孜々《しし》として協力を続けました」

2014年5月、シンガポール開催のアジア安全保障会議での安倍首相（当時）の基調講演

ウォールというものがあって、壁面には金色《こんじき》の、4000個を超す星が埋め込まれている。その星一つひとつが、斃れた兵士100人分の命を表すと聞いたとき、私を戦慄《せんりつ》が襲いました。

金色の星は、自由を守った代償として、誇りのシンボルに違いありません。しかしそこには、さもなければ幸福な人生を送っただろうアメリカの若者の、痛み、悲しみが宿っている。家族への愛も。真珠湾、バターン・コレヒドール、珊瑚海…、メモリアルに刻まれた戦場の名が心をよぎり、私はアメリカの若者の、失われた夢、未来を思いました。歴史とは実に取り返しのつかない、苛烈なものです。私は深い悔悟を胸に、しばしその場に立って、黙とうをささげました。親愛なる、友人の皆さん、日本国と、日本国民を代表し、先の戦争に斃れたアメリカの人々の魂に、深い一礼をささげます。とこしえの、哀悼をささげます」。シンガポールでの演説および後述の靖国論と比べるとき私は恥ずかしい。

16年12月、真珠湾を訪問した安倍首相は、米国の寛容さを、和解の力を称え、日米同盟は「希望の同盟」と興奮気味に語った。米軍基地の重圧に呻吟《しんぎん》する沖縄県

『長崎新聞』2022年8月20日付（右部）

17　解説　（第3種郵便物認可）　長崎

NEWS論点

安倍元首相　アジアに傲岸、米国に

の一節だ。

近隣アジア諸国はこの基調講演をどう受け止めただろうか、想像力の欠如だ。

基調講演には、以下のようなくだりもあった。

「国際社会の平和、安定に、多くを負う国ならばこそ、日本はもっと積極的に世界の平和に力を尽くしたい、〝積極的平和主義〟のバナーを掲げたい…自由と人権を愛し、法と秩序を重んじて、戦争を憎み、ひたぶるに、ただひたぶるに平和を追求する一本の道を日本は一度としてぶれることなく、何世代にもわたって歩んできました。これからの幾世代、変わらず歩んでいきます」

日本の近・現代の戦争はすべて正しい戦争であったとする靖国神社の「聖戦史観」と完全に重なる。

ドイツ首相が、欧州議会において、このような演説をしたら、戦後、欧州においてドイツという国の存在は認められたか。

15年5月、安倍首相は米国議会で演説した。

「先刻私は、第2次大戦メモリアルを訪れました。神殿を思わせる、静謐《せいひつ》な場所でした。耳朶《じだ》を打つのは、噴水の、水の砕ける音ばかり。一角にフリーダム・

民を思うとき、「真珠湾の和解」は「希望の同盟」にほど遠い。

安倍首相は、米軍が、真珠湾攻撃で壮烈な戦死をした日本軍飛行兵の記念碑を建立したことに触れ、アンブローズ・ビアスの詩「勇者は勇者を敬う」を引用した。

ラグビーの「ノーサイド」精神と勘違いしているかのような演説を聞くとき、米国議会での演説「歴史とは実に取り返しのつかない、苛烈なものです」が空疎に聞こえる。「言葉は形容詞から朽ちる」（開高健）。

安倍元首相は語る。「靖国神社に行くことによって、自分の夫や息子は国のために戦って、この国の繁栄のために命を落としたからこうして祀《まつ》ってもらっているということを実感する、国から名誉を与えられている、国民から名誉を与えられているということを実感する。これも大きい」（18年12月発行『別冊正論』33号）。

何が「大きい」のか。《命（ぬち）どぅ宝》、「親族に遺族がいない」安倍元首相には、戦死した父、生活のために「進駐軍」兵士の「オンリーさん」となり、米軍基地を転々とした母と離れ、祖父母と暮らした寺山修司の詠んだ「マッチ擦るつかのま海に霧深し身捨つるほどの祖国はありや」の哀しみが理解できない。

『長崎新聞』2022年8月20日付（左部）

国連創立四十周年記念総会における中曽根内閣総理大臣演説（抜粋）

（一九八五年十月二十三日、ニューヨーク）

議長

一九四五年六月二十六日、国連憲章がサン・フランシスコで署名されたとき、日本は、ただ一国で四十以上の国を相手として、絶望的な戦争をたたかっていました。そして、戦争終結後、我々日本人は、超国家主義と軍国主義の跳梁を許し、世界の諸国民にもまた自国民にも多大の惨害をもたらしたこの戦争を厳しく反省しました。日本国民は、祖国再建に取り組むに当たって、我が国固有の伝統と文化を尊重しつつ、人類にとって普遍的な基本的価値、すなわち、平和と自由、民主主義と人道主義を至高の価値とする国是を定め、そのための憲法を制定しました。我が国は、平和国家をめざして専守防衛に徹し、二度と再び軍事大国にはならないことを内外に宣明したのであります。戦争と原爆の悲惨さを身をもって体験した国民として、軍国主義の復活は永遠にあり得ないことであります。この我が国の国是は、国連憲章がかかげる目的や原則と、完全に一致しております。

そして、戦後十一年を経た一九五六年十二月、我が国は、八十番目の加盟国として皆さんの仲間入りをし、ようやくこの国連ビル前に日章旗が翻ったのであります。

議長

国連加盟以来、我が国外交は、その基本方針の一つに国連中心主義をかかげ、世界の平和と繁栄の実現の中に自らの平和と繁栄を求めるべく努力してまいりました。その具体的実践は、次の三つに要約することができましょう。

その第一は、世界の平和維持と軍縮の推進、特に核兵器の地球上からの追放への努力であります。日本人は、地球上で初めて広島・長崎の原爆の被害を受けた国民として、核兵器の廃絶を訴えつづけてまいりました。核エネルギーは平和目的のみに利用されるべきであり、破壊のための手段に供されてはなりません。核保有国は、核追放を求める全世界の悲痛な合唱に謙虚に耳を傾けるべきであります。とりわけ、米ソ両国の指導者の責任は実に重いと言わざるをえません。両国指導者は、地球上の全人類・全生物の生命を断ち、かけがえのないこの地球を死の天体と化しうる両国の核兵器を、適正な均衡を維持しつつ思い切って大幅にレベルダウンし、遂に廃絶せしむべき進路を、地球上の全人類に明示すべきであります。

（中略）

議長

今や、我々の世代の人類は、地球が何億年もかかって用意してくれた我々の生存にとって不可欠の自然環境を自ら破壊しつつあります。土も水も大気も、動物も植物も地球誕生以来最も野蛮な攻撃を仕掛けられています。この地球の自殺とも言うべき不条理の中で、少なからぬ地域において、次代を担うべき子どもたちを中心に、毎日何百万人という人々が飢餓ため尊い生命を失っています。栄養失調や苛酷な条件の中で、肉体や精神の健全な発達に障害を受けている人々は数知れません。これらの地域では世代の欠落すら生じかねないのであります。

我々は、このかけがえのない地球を保持し、人類の生存を維持して行くため、新しい地球的倫理とそれを裏付ける制度を生み出すべきだと思います。そして、将来の歴史家が、二十世紀の最後の十数年を、人類史上初めて、人類共存と相互尊重が確立された時期と呼ぶようにしようではありませんか。

村山内閣総理大臣談話

「戦後五十周年の終戦記念日にあたって」

平成七年八月十五日

先の大戦が終わりを告げてから、五十年の歳月が流れました。今、あらためて、あの戦争によって犠牲となられた内外の多くの人々に思いを馳せるとき、万感胸に迫るものがあります。

敗戦後、日本は、あの焼け野原から、幾多の困難を乗りこえて、今日の平和と繁栄を築いてまいりました。このことは私たちの誇りであり、そのために注がれた国民の皆様一人一人の英知とたゆみない努力に、私は心から敬意の念を表わすものであります。ここに至るまで、米国をはじめ、世界の国々から寄せられた支援と協力に対し、あらためて深甚な謝意を表明いたします。また、アジア太平洋近隣諸国、米国、さらには欧州諸国との間に今日のような友好関係を築き上げるに至ったことを、心から喜びたいと思います。

平和で豊かな日本となった今日、私たちはややもすればこの平和の尊さ、有難さを忘れがちになります。私たちは過去のあやまちを二度と繰り返すことのないよう、戦争の悲惨さを若い世代に語り伝えていかなければなりません。とくに近隣諸国の人々と手を携えて、アジア太平洋地域ひいては世界の平和を確かなものとしていくためには、なによりも、これらの諸国との間に深い理解と信頼にもとづいた関係を培っていくことが不可欠と考えます。政府は、この考えにもとづき、特に近現代における日本と近隣アジア諸国との関係にかかわる歴史研究を支援し、各国との交流の飛躍的な拡大をはかるために、この二つを柱とした平和友好交流事業を展開しております。また、現在取り組んでいる戦後処理問題についても、わが国とこれらの国々との信頼関係を一層強化するため、私は、ひき続き誠実に対応してまいります。

いま、戦後五十周年の節目に当たり、われわれが銘記すべきことは、来し方を訪ねて歴史の教訓に学び、未来を望んで、人類社会の平和と繁栄への道を誤らないことであります。

わが国は、遠くない過去の一時期、国策を誤り、戦争への道を歩んで国民を存亡の危機に陥れ、植民地支配と侵略によって、多くの国々、とりわけアジア諸国の人々に対して多大の損害と苦痛を与えました。私は、未来に誤ち無からしめんとするが故に、疑うべくもないこの歴史の事実を謙虚に受け止め、ここにあらためて痛切な反省の意を表し、心からのお詫びの気持ちを表明いたします。また、この歴史がもたらした内外すべての犠牲者に深い哀悼の念を捧げます。

敗戦の日から五十周年を迎えた今日、わが国は、深い反省に立ち、独善的なナショナリズムを排し、責任ある国際社会の一員として国際協調を促進し、それを通じて、平和の理念と民主主義とを押し広めていかなければなりません。同時に、わが国は、唯一の被爆国としての体験を踏まえて、核兵器の究極の廃絶を目指し、核不拡散体制の強化など、国際的な軍縮を積極的に推進していくことが肝要であります。これこそ、過去に対するつぐないとなり、犠牲となられた方々の御霊を鎮めるゆえんとなると、私は信じております。

「杖るは信に如くは莫し」と申します。この記念すべき時に当たり、信義を施政の根幹とすることを内外に表明し、私の誓いの言葉といたします。

大韓民國現行憲法

前文

悠久の歴史と伝統に輝く我が大韓国民は、三・一運動により建立された大韓民国臨時政府の法統及び、不義に抗拒した四・一九民主理念を継承し、祖国の民主改革と平和的統一の使命に立脚して、正義、人道及び同胞愛により民族の団結を強固にし、すべての社会的弊習と不義を打破し、自律と調和を基礎として自由民主的基本秩序を一層確固にして、政治、経済、社会及び文化のすべての領域において各人の機会を均等にし、能力を最高度に発揮させ、自由及び権利に伴う責任と義務を完遂させ、内には国民生活の均等なる向上を期し、外には恒久的な世界平和と人類共栄に貢献することにより、我々と我々の子孫の安全と自由と幸福を永遠に確保することを誓いつつ、一九四八年七月十二日に制定され、八次にわたって改正された憲法を、ここに国会の議決を経て、国民投票により改正する。

一九八七年十月二十九日

三・一運動　一九一九年三月一日、ソウルで、植民地支配からの独立を求めた学生デモ

四・一九民主理念　一九六〇年四月、独裁政権に抗議して起ちあがった学生革命

日韓共同宣言（要旨）

二十一世紀に向けた新たな日韓パートナーシップ

一九九八年十月八日（金大中大統領・小渕恵三首相）

二　両首脳は、日韓両国が二十一世紀の確固たる善隣友好協力関係を構築していくためには、両国が過去を直視し相互理解と信頼に基づいた関係を発展させていくことが重要であることにつき意見の一致をみた。

小渕総理大臣は、今世紀の日韓両国関係を回顧し、我が国が過去の一時期、韓国国民に対し植民地支配により多大の損害と苦痛を与えたという歴史的事実を謙虚に受けとめ、これに対し、痛切な反省と心からのお詫びを述べた。

金大中大統領は、かかる小渕総理大臣の歴史認識の表明を真摯に受けとめ、これを評価すると同時に、両国が過去の不幸な歴史を乗り越えて和解と善隣友好協力に基づいた未来志向的な関係を発展させるためにお互いに努力することが時代の要請である旨表明した。

また、両首脳は、両国国民、特に若い世代が歴史への認識を深めることが重要であることについて見解を共有し、そのために多くの関心と努力が払われる必要がある旨強調した。

三　両首脳は、過去の長い歴史を通じて交流と協力を維持してきた日韓両国が、一九六五年の国交正常化以来、各分野で緊密な友好協力関係を発展させてきており、このような協力関係が相互の発展に寄与したことにつき認識を共にした。

小渕総理大臣は、韓国がその国民のたゆまざる努力により、飛躍的な発展と民主化を達成し、繁栄し成熟した民主主義国家に成長したことに敬意を表した。

金大中大統領は、戦後の日本の平和憲法の下での専守防衛及び非核三原則を始めとする安全保障政策並びに世界経済及び開発途上国に対する経済支援等、国際社会の平和と繁栄に対し日本が果たしてきた役割を高く評価した。

両首脳は、日韓両国が、自由、民主主義、市場経済という普遍的理念に立脚した協力関係を、両国国民間の広範な交流と相互理解に基づいて今後更に発展させていくとの決意を表明した。

北海道新聞　2022年（令和4年）9月8日（木曜日）　各自核論　6

各自核論

日韓関係の未来志向

弁護士　内田　雅敏

民間が果たす役割重要

尹錫悦《ユンソンニョル》韓国大統領の就任式に出席した際、尹氏と会談した武田良太日韓議員連盟幹事長は「日韓関係が最も良好だった1998年の『日韓共同宣言』のころに戻すべきだという共通認識を確認できた」と述べている（毎日新聞6月7日朝刊）。

また7月に開かれた経団連と韓国・全国経済人連合会（全経連）の首脳懇談会でも、98年共同宣言の精神を尊重し「解決すべき課題に留意しつつ、未来志向的な関係構築に向けた協力の深化で認識が一致した」との共同声明が採択されている。

今後の日韓関係を、小渕恵三首相と金《キム》大中《デジュン》大統領による98年共同宣言にのっとって構築しようとするのは歓迎だ。

ただ日本側には、宣言が95年8月15日の「村山首相談話」を継承し、植民地支配に対する痛切な反省と心からのおわびを述べたもので、植民地支配の評価を巡り対立したまま結ばれた、65年の日韓基本条約・請求権協定を修正、補完したという認識はあるのだろうか。

98年共同宣言で、金大統領は「かかる小渕総理大臣の歴史認識の表明を真摯に受け止め、これを評価する」としたが、植民地支配に起因する徴用工や慰安婦問題などについて具体的に言及せず、「同時に、両国が過去の不幸な歴史を乗り越えて和解と善隣友好協力に基づいた未来志向的な関係を発展させるためにお互いに努力することが時代の要請である旨表明した」と続けた。

日本側はこの「未来志向」の発言を評価し、国会での金大統領演説に拍手したが、韓国では「歴史問題」に幕引きがなされるのではと危惧され、未来志向宣言は必ずしも評価されなかった。

植民地支配の清算、具体的には慰安婦、徴用工問題をスルーして日韓関係の未来志向を語ることはできない。尹大統領の下、両国が98年共同宣言のころに戻るという点で「共通認識」を確認できたとしても、その共通認識が同床異夢となる恐れはないだろうか。

7月に来日した朴振《パクチン》韓国外相と林芳正外相との会談でも、問題の早期解決を図る考えで一致はしたものの、日本側は、65年の条約・協定で徴用工問題は解決済みで「ボールは韓国側にある」とする立場を崩さなかった。これでは解決できない。

未来志向とは過去を水に流すことではない。辺真一さんのコリア・レポートによると、聯合ニュースは「問題は日本の態度だ。両手でたたかなければ音は出ない」と論じているという。

日本側も輸出規制の撤回、徴用工問題解決のための関係者らによる基金設立、慰安婦被害者への真摯な謝罪の言葉、歴史教育などへ積極的に動くべきだ。

そもそも98年共同宣言で「日韓両国が21世紀の確固たる善隣友好協力関係を構築するためには、両国が過去を直視し、相互理解と信頼に基づいた関係を発展させていくことが重要であることにつき、意見の一致をみた」のだから、日本側は植民地支配の実態に真摯に向き合わねばならない。

経団連と全経連の共同声明では、徴用工、慰安婦問題で冷え込んだ日韓関係の改善に向けて、民間が積極的な役割を果たす必要性が確認された。

徴用工と似た中国人強制連行・強制労働問題では、鹿島（花岡事件）、西松建設、三菱マテリアルなど、民間レベルでの和解成立による「解決」事例もある。韓国人のケースでも同じような解決は可能なはずだ。

うちだ・まさとし　1945年愛知県生まれ。75年弁護士登録。花岡事件などで和解を実現してきた。近著に「元徴用工　和解への道」がある。

『北海道新聞』2022年9月8日付　共同通信配信

長崎新聞　2021年（令和3年）6月26日　土曜日　解説　18

日本と韓国、近くて遠い

寄稿

弁護士　内田 雅敏

5月5日ロンドンで実現した日韓両国外相会議で、茂木敏充外相が元慰安婦判決の解決をもとめ、元徴用工判決の「現金化」に懸念を示したのに対し、鄭義溶(チョンウィヨン)外相は「日本側の正しい歴史認識なしには過去の歴史問題は解決しない」と応じたという。

歴史問題の解決には歴史認識の共有が不可欠だ。1972年国交正常化した日中共同声明前文は「日本側は、過去において日本国が戦争を通じて中国国民に重大な損害を与えたことについての責任を痛感し、深く反省する」と述べた。日中戦争について両国に歴史認識の「共有」があった。

65年の日韓基本条約・請求権協定では、植民地支配について歴史認識の共有がなかった。韓国側は、10年の韓国併合は当初から違法、不当であったと主張し、日本側は、併合は当時の国際法上合法であり、インフラの整備など良いこともしたと主張した。

植民地支配の実態を知るべきだ。創氏改名を強い、日本の神社を創り、子供たちを参拝させ、「私たちは日本国の臣民である」と唱えさせた。併合前史では、1895年10月8日未明、国王妃（閔妃（ミンビ））の暗殺、死体の焼毀（しょうき）までやってしまった。韓国では誰もが知っている事実だ。このことを知っている日本人がどれだけいるか。韓国が植民地支配は合法だったなどと言えるはずがない。1936年ベルリンオリンピックで、停刊、廃刊も辞さず、マラソン優勝者孫基禎（ソンギジョン）選手の胸の日の丸を消した写真を掲載した東亜日報の記者たちの覚悟に思いを馳（は）せるべきだ。

65年の日韓基本条約・請求権協定で日韓間の問題がすべて解決したという現在の日本政府の見解は、法的・条約的にはともかく歴史的には到底通用しないことは須之部量三元外務事務次官、栗山尚一元駐米大使ら外務省OBらも語っている（『外交フォーラム』92年2月号）。元徴用工の「強制性」については数多くの証言等があり、日本の裁判所でも認定され、「日本交通公社七十年史」にもうかがわれる。

植民地支配を巡る日韓の歴史認識の「共有」は98年の「日韓パートナーシップ宣言」でようやく実現した。当時の小

うちだ・まさとし　1945年生まれ。早稲田大法学部卒。75年東京弁護士会登録。日弁連憲法委員会幹事。弁護士として通常業務のほかに強制連行・強制労働、靖国等の歴史問題に取り組む。中国人強制労働花岡事件（鹿島建設）、同西松建設事件、同三菱マテリアル事件等の和解に関与。著書に『元徴用工　和解への道』（ちくま新書）、『和解は可能か』（岩波ブックレット）、『靖国参拝　何が問題か』（平凡社新書）

『長崎新聞』2021年6月26日付（上部）

国でいいのか

歴史問題の解決は「易地思之」と「誠信交隣」で

渕恵三首相は、日本の植民地支配に対し「痛切な反省と心からのお詫び」を表明し、過去の加害の事実を認めた。95年の村山富市首相談話を踏襲したもので歴代日本政府の公式見解だ。

金大中（キムデジュン）大統領は、小渕首相のかかる歴史認識の表明を評価し、「両国が過去の不幸な歴史を乗り越えて、和解と善隣友好協力に基づいた未来志向的な関係を発展させるために、お互いに努力するのが時代の要請である」と述べた。金大統領は日本の国会で演説し、国会は大きな拍手でこれに応えた。

歴史問題の解決は、判決でなく当事者間の自発的な和解に依（よ）るのが望ましい。被害者の声に耳を傾け、①加害の事実およびその責任を認め謝罪する、②謝罪の証しとしての「和解金」、③被害者に対する追悼事業と、将来のための歴史教育の3点が不可欠だ。

③を抜きにして①、②だけでは解決とはならない。加害者らが被害者・遺族らとともに③を誠実に継続することが、被害者・遺族らの気持ちを和らげ、①の謝罪が真摯（しんし）なものであることが理解され、加害者も加害の事実をより深く認識し、将来への戒めを強くする。

2015年の慰安婦合意で、岸田文雄外相は「安倍首相は慰安婦としてあまたの苦痛を経験され、心身にわたり癒やしがたい傷を負われたすべての方々に対し、心からのお詫びと反省の気持ちを表明する」と述べた。ところが当の安倍晋三首相は記者会見で「最終的、不可逆的な解決を（戦後）70年の節目にすることができた。子や孫、その先の世代に謝罪し続ける宿命を負わせるわけにはいかない」とやった。順序が逆だ。まず被害者に謝罪を伝えることだ。これでは信用されない。謝罪を歴史問題の終止符とさせてはならない。

歴史問題の解決には被害者の「寛容」、加害者の慎みと節度、相手の立場に立って考える「易地思之（ヨクチサジ）」が不可欠だ。

『閔妃暗殺』の著者角田房子は、「あとがき」に書く。

「『閔妃』を書くために、ほぼ3年間、私は日韓関係の歴史―特に近代史を学んだ。（略）及ばずながら日韓関係の事実を知ったことで、私は実感の伴う〝遺憾の念〟を持つようになった。

私の使い慣れた言葉でいえば、〝申しわけなさ〟がその基盤となった感情である。（略）お読みくださる方々の一人でも多くが、どうぞ隣国への〝遺憾の念〟を持ち、それを基とした友好関係、相互理解を深めてくださるようにと、私は切に願っている（略）。

本書によって日韓関係の歴史を初めて知ったという読者がおられたら、きっと〝遺憾の念〟を持ってくださるだろうと期待するのは、同胞に対する私の信頼でもある」

加害の事実を認め謝罪することは恥ずかしいことではない。その国のしなやかな勁（つよ）さだ。

「一衣帯水」の日中に倣えば、日韓は「一（いち）葦（いの）水（みず）」、一本の葦のような小舟でも渡れる近しい隣国。古代における渡来人以降、朝鮮通信使など日韓は「長い伝統的友好の歴史」を有する。対馬藩の儒学者雨森芳洲が唱えた「誠信交隣」など、先人の知恵に学ばねばならない。

『長崎新聞』2021年6月26日付（下部）

2018年（平成30年）1月30日（火曜日）　中日新聞

特報

慎み欠いた日本　韓国も寛容さを

慰安婦合意問題

戦後補償問題扱う内田雅敏弁護士　寄稿

内田雅敏氏

「一ミリたりとも動かす考えはない」。従軍慰安婦に関する日韓合意について、韓国の文在寅《ムンジェイン》大統領が破棄や再交渉はしないが「間違った結び目」「心から謝罪してこそ、おばあさんたちも日本を許せるだろう」と述べたことに対する菅義偉官房長官のコメントだ。

平昌《ピョンチャン》五輪の開会式に出席することにした安倍晋三首相も、日韓合意をどうするつもりかと、文大統領に日本人の怒りを感じさせなければならないと周囲に語ったという。

国家間の合意履行を求めるのは間違いではない。しかし「一ミリたりとも」という言い方は加害者としての慎みを欠く。

歴史問題の解決には、被害者の寛容さが不可欠だ。ドイツのメルケル首相は、フランスとの和解はフランスの寛容さがあったからと語った。被害者の寛容には、加害者の慎みが不可欠だ。ドイツには、非ナチ化と歴史教育という慎みがあった。

こうした和解には、①加害の事実を認識②謝罪とその証しとしての和解金支給③過ちを繰り返さないための歴史教育―の三点が必要なことが分かる。

日韓合意では、日本政府が「軍の関与の下に多数の女性の名誉と尊厳を深く傷つけた問題であり、責任を痛感している」「安倍首相は慰安婦としてあまたの苦痛を経験され、心身にわたり癒やしがたい傷を負われたすべての方々に対し、心からのおわびと反省の気持ちを表明する」とコメントし、当時の岸田文雄外相は「両政府が協力し、全ての元慰安婦の名誉と尊厳の回復、心の傷の癒やしのための事業を行う」と述べた。

韓国外相も「日本政府が表明した措置が着実に実施されるとの前提で、今後国連など国際社会において、本問題に対する相互非難・批判を自制する」「合意のフォローアップが着実に履行され、被害者の名誉と尊厳が回復され、心の傷が癒やされることを心より祈念する」と語った。

ただ加害と被害の関係は金銭だけでは解決されず、日本側が十億円を拠出し、それで一件落着ではなかったはずだ。日韓合意は出発点で、日本側には「心からのおわびと反省の気持ち」が被害者に届くよう行動することが求められた。

政府は「従軍慰安婦」について正しく歴史的な理解が日本国内でしっかりと浸透するような適切な措置を取ってきたか。

国家間の約束は政権が代わっても守らなければならないのは、国家の意思表明である一九九三年の河野洋平官房長官談話も同じだ。談話では「慰安所は当時の軍当局の要請により、設置されたものであり、慰安所の設置、管理および慰安婦の移送については旧日本軍が直接あるいは間接にこれに関与した」と国家の関与を認め「このような歴史の真実を回避することなく、むしろこれを歴史の教訓として直視していきたい」としていた。

日本政府は「一ミリたりとも」と慎みを欠いた、上から目線で物を言うのではなく、従軍慰安婦に関する事実を日本国内でしっかりと伝え、日韓合意を実践すべきだ。それなくしては被害者からの寛容は得られない。

慰安婦問題の日韓合意　日本政府が2015年12月に当時の朴槿恵（パク・クネ）政権と結んだ合意。慰安婦問題の「最終的かつ不可逆的な解決」を確認した。①日本は政府の責任を認め、韓国の財団に10億円を拠出する②韓国はソウルの日本大使館前にある少女像の問題解決に努力する―などの内容。文在寅大統領は今月10日、合意交渉の検証を踏まえ、公式合意であると認める一方で「誤った問題は解決しなければならない」と表明した。日本側は新方針を拒否し、合意の着実な履行を要求している。

××

うちだ・まさとし　1945年愛知県蒲郡市生まれ。75年弁護士登録。花岡事件をはじめ戦後補償問題に取り組み、2016年には、裁判外で強制労働被害者の中国人側代理人として三菱マテリアルとの和解を実現した。

『中日新聞』2018年1月30日付　共同通信配信

玉城知事訪中に期待

寄稿

内田　雅敏

「日中共同声明」活用を

　3月31日付本紙によれば、県議会は30日、岸田政権が昨年暮れに国会での熟議を経ずに閣議決定という安倍政権譲りの手法で改定した安保関連3文書に対し、反撃能力（敵基地攻撃能力）の保有、南西地域および沖縄本島へのミサイル配備などの軍事要塞《ようさい》化により沖縄の軍事的負担増大の懸念を示す意見書を可決した。意見書では、緊張が喧《けん》伝《でん》される日中関係は、1972年の日中共同声明以降の四つの基本文書によって平和構築がなされるべきだとしたという。

　また、辺野古米軍新基地建設の反対等、沖縄の基地負担の削減を訴えて訪米し、先ごろ帰沖した玉城知事は、昨年11月に催された県と中国福建省との間での友好県省締結25周年の式典で双方の交流推進が確認されたことを捉え、訪中に意欲を示し、照屋副知事を東京の中国大使館に赴かせ、このほど着任した呉江浩駐日中国大使にその旨伝えたとも報じている。

　この二つの記事を読みながら、本土（ヤマト）在住の筆者は「台湾有事」の喧伝とそれに対抗する南西諸島におけるミサイル防衛網、要塞化による沖縄の戦場化の危機に対する沖縄と本土の温度差を実感した。併せて、140万人県民の命を預かる玉城知事の平和への熱い思いを痛感した。

　本土には、尖閣諸島の「都有化」などとぶち上げ、「国有化」問題を引き起こさせ、領土ナショナリズムを煽《あお》ることによって日中関係をガタガタにした知事（中国側にもこの挑発を待ってましたとばかりに乗った軍拡派がいた）はいても、玉城知事のように自治体外交を積極的に展開し、平和・友好を構築しようとする知事はいない。

「平和資源」

　県議会意見書にもあるように、日中間には、72年の日中共同声明以降、日中平和友好条約（78年）、平和と発展のための友好協力パートナーシップの構築に関する日中共同宣言（98年）、「戦略的互恵関係」の包括的推進に関する日中共同声明（2008年）の基本文書がある。これらは先人たちの尽力によってもたらされた「平和資源」である。これを活用しない手はない。

　日中間の四つの基本文書の中心をなす日中共同声明では以下の4項目が確認された。

　①日中両国は「一衣帯水」の間にある隣国であり、長い伝統的な友好の歴史を有する（前文）。

　②日本側は過去において、日本国が戦争を通じて、中国国民に重大な損害を与えたことについての責任を痛感し、深く反省する（同）。

　中華人民共和国政府は、中日両国国民の友好のために、日本国に対する戦争賠償の請求を放棄することを宣言する（本文5項）。

　③台湾は中華人民共和国領土の不可分の一部である〈一つの中国論〉（同2、3項）。

　④日中両国は互いに覇権（武力で問題を解決しようとする）国家とはならない（同6、7項）。

　文書では確認されていないが尖閣諸島の領有問題についても、棚上げとする合意があった。以上4項目の確認および合意は、その後の基本文書で踏襲され、繰り返し確認されてきた。

「飲水思源」

　国交正常化以降、日中両国政府および民衆は両国間の平和友好関係発展のために汗をかいてきた。靖国神社参拝を巡る歴史問題、尖閣諸島の領有権を巡る領土問題等、日中間に懸案がなかったわけではない。しかし、これら懸案について、「武力」によって決着をつけようという考えは両国間になかった。前記③の「一つの中国論」については、当然なこととしてほとんど問題となってこなかった。

　日中両国は互いにリスペクトしあい、とりわけ日本側は、保守をも含めて中国侵略という「疑うべくもない歴史の事実」（1995年8月15日、村山首相談話）に対する慎みを忘れることはなかった。

　「飲水思源」（水を飲むときその源を思う）、井戸を掘った先人たちの尽力に思いを馳《は》せながら玉城知事が訪中し、日中友好・不再戦への平和外交を展開されることを切望する。沖縄を再び戦場にしないという民意を背景とした自治体外交、「以民促官」、民の声が官すなわち政治を動かすのだ。

（弁護士）

うちだ・まさとし　1945年愛知県生まれ。75年弁護士登録。中国人強制連行を巡る花岡事件、西松建設、三菱マテリアルなどで和解を実現してきた。近著は「元徴用工　和解への道」（ちくま新書）、「靖国神社と聖戦史観」（藤田印刷エクセレントブックス）。

『琉球新報』2023年4月14日付

あとがき

本ブックレット裏表紙の〈**平和外交に汗をかけ！**〉の横断幕は那覇から辺野古に向かう高速道路の那覇インター入口近くに掲げられていたものです。

「平和外交」を具体的に進めるに際しては、五十年余前の日中国交正常化に際して、日中間で何が話し合われ、どのような合意がなされ、その後、その「合意」がどのように実践され、あるいは実践されてこなかったかの検証が不可欠です。

本書は、一九七二年九月二十九日の日中共同声明を基本とする日中間の四つの基本文書について、その締結当時の東アジアの政治状況にも触れながら解説し、この四つの基本文書を日中民衆間の「平和資源」、「平和の配当」として活用しようと提言します。

表紙の「日中友好・不再戦、辺野古新基地建設反対」の横断幕を掲げた写真は、日中国交正常化五十周年の昨二〇二二年九月二十九日、沖縄辺野古のキャンプシュワブゲート前でのものです。

撮影者は、二〇一五年から名護市に常駐し、新基地建設反対名護共同センターのスタッフとして活動し、ここ数年は事務局長として、現地の闘いの状況をニュースで全国に発信されて来た早坂義郎さんです。

早坂さんから毎週届く「辺野古ニュース」を、日弁連憲法委員会などの弁護士関係、総がかり行動などの運動団体、その他の友人等、全国に転送させていただきました。

写真を多く使った早坂レポートは、「辺野古の今」を全国に発信する重要な媒体として好評であり、全国に読者がいました。

その早坂さんが本年二月二十六日急逝されました。享年七十八歳、私と同世代です。あまりにも急なことで絶句です。ただ、ただ、ご冥福をお祈りするばかりです。

裏表紙掲載「ドローンで撮影した琉球弧の軍事施設」は、ドローンプロジェクト・奥間政則さんから提供頂きました（掲載は表紙部分で、実物には多くの軍事施設の写真）。

奥間さん、ありがとうございます。

本書は、二〇二二年十二月二十六日にアップされた毎日新聞「政治プレミア」の拙稿を基にしています。担当していただいた毎日新聞政治部の須藤孝記者には、新聞社が保管する多くの写真を使用し、レジュメ風の文字だけの拙稿を読みやすく構成していただきました。

レジュメ風の「日中国交正常化五十年史」は高麗博物館理事荻原みどりさんのレイアウトで大変読みやすくなりました。

本書を出版していただいた釧路の藤田印刷エクセレントブックスの藤田卓也さんは、私が歴史問題に取り組む契機となった釧路出身の若者大道寺将司君の古くからの友人で、私の盟友であります。出版状況の厳しい中、さらに紙価の高騰などあるなかで、前著『靖國神社と聖戦史観』に次いで、本書の発行を引き受けてくださいました。前著同様、数度にわたる私からの修正の求めにも快く応じていただきました。お三方には心からの感謝を申し上げます。ありがとうございました。

追記　二〇二三年三月二十七日、訪中した台湾前総統（国民党政権）馬英九氏は、南京大虐殺記念館、孫文陵などを訪問し、孫文陵では「平和のために奮闘し、中華を振興する」と揮毫し、中台の記者団を前に「両岸人民は同じ中華民族であり、平和の追求は両岸の中国人の責任だ」などと強調した。

更に三十日、武漢市で中国国務院台湾事務弁公室トップの宋濤主任と会談し、「海峡両岸（中台）

は共通の血、言語、歴史、文化を共有し、継承している」と強調した。

宋氏は、習近平国家主席の挨拶を伝えたうえで、「両岸の同胞は一つの家族だ」と呼びかけたという。

（二〇二三年三月三十一日朝日新聞）

内田　雅敏

二〇二三年四月五日

著者略歴　内田雅敏（うちだ・まさとし）

1945年愛知県生まれ。75年東京弁護士会登録。

日弁連人権委員、同接見交通権確立実行委員会委員長、関東弁護士会連合会憲法問題協議会委員長を経て、現在日弁連憲法委員会幹事。

弁護士として通常業務のほかに強制連行・強制労働、靖國等の歴史問題に取り組む。

中国人強制労働花岡事件（鹿島建設）、同西松建設事件、同三菱マテリアル事件等の和解に関与した。

著書に『元徴用工和解への道』（ちくま新書）、『靖國神社と聖戦史観（増補版）』（藤田印刷エクセレントブックス）、『和解は可能か』（岩波ブックレット）、『靖国参拝の何が問題か』（平凡社新書）、『戦後補償を考える』（講談社現代新書）、『「平和資源」としての日中共同声明』（スペース伽耶）、『戦後が若かった頃に思いを馳せよう』（三一書房）、『想像力と複眼的思考』（スペース伽耶）、『乗っ取り弁護士』（ちくま文庫）など。

共著に『在日からの手紙』姜尚中共著（太田出版）、『憲法9条と専守防衛』箕輪登共著（梨の木舎）他。

飲水思源　以民促官
周恩来の決断と田中角栄の覚悟に思いを馳せる

2023年4月22日　第1刷発行

著　者　内田 雅敏　UCHIDA Masatoshi
発行人　藤田 卓也　FUJITA Takuya
発行所　藤田印刷エクセレントブックス
〒085-0042　北海道釧路市若草町3－1
TEL　0154-22-4165
FAX　0154-22-2546
印刷・製本　藤田印刷株式会社

ISBN 978-4-86538-154-2 C0031